陳福成著

陳福成著作全編

第十四冊　天帝教的中華文化意涵

文史哲出版社印行

國家圖書館出版品預行編目資料

陳福成著作全編 / 陳福成著. -- 初版. --臺北市：文史哲,民 104.08
頁： 公分
ISBN 978-986-314-266-9（全套：平裝）

848.6 104013035

陳福成著作全編

第十四冊 天帝教的中華文化意涵

著 者：陳 福 成
出 版 者：文 史 哲 出 版 社
http://www.lapen.com.tw
登記證字號：行政院新聞局版臺業字五三三七號
發 行 人：彭 正 雄
發 行 所：文 史 哲 出 版 社
印 刷 者：文 史 哲 出 版 社
臺北市羅斯福路一段七十二巷四號
郵政劃撥帳號：一六一八〇一七五
電話886-2-23511028 · 傳真886-2-23965656

全 80 冊定價新臺幣 36,800 元

二〇一五年（民一〇四）八月初版

ISBN 978-986-314-266-9 08981

陳福成著作全編總目

總序：陳福成的一部文史哲政兵千秋事業

陳福成先生，祖籍四川成都，一九五二年出生在台灣省台中縣。筆名古晟、藍天、司馬千、鄉下人等，皈依法名：本肇居士。一生除軍職外，以絕大多數時間投入寫作，範圍包括詩歌、小說、政治（兩岸關係、國際關係）、歷史、文化、宗教、哲學、兵學（國防、軍事、戰爭、兵法），及教育部審定之大學、專科（三專、五專）、高中（職）等各級學校國防通識（軍訓課本）十二冊。以上總計近百部著作，目前尚未出版者尚約二十部。

我的戶籍資料上寫著祖籍四川成都，小時候也在軍眷長大，初中畢業（民57年6月），投考陸軍官校預備班十三期，三年後（民60）直升陸軍官校正期班四十四期，民國六十四年八月畢業，隨即分發野戰部隊服役，到民國八十三年四月轉台灣大學軍訓教官。到民國八十八年二月，我以台大夜間部（兼文學院）主任教官退休（伍），進入全職寫作高峰期。

我年青時代也曾好奇問老爸：「我們家到底有沒有家譜？」

他說：「當然有。」他肯定說，停一下又說：「三十八年逃命都來不及了，現在有個鬼啦！」

兩岸開放前他老人家就走了，開放後經很多連繫和尋找，真的連鬼都沒有了，茫茫無垠的「四川北門」，早已人事全非了。

但我的母系家譜卻很清楚，母親陳蕊是台中縣龍井鄉人。她的先祖其實來台不算太久，按家譜記載，到我陳福成才不過第五代，大陸原籍福建省泉州府同安縣六都施盤鄉馬巷。

第一代祖陳添丁、妣黃媽名申氏。從原籍移居台灣島台中州大甲郡龍井庄龍目井字水裡社三十六番地，移台時間不詳。陳添丁生於清道光二十年（庚子，一八四〇年）六月十二日，卒於民國四年（一九一五年），葬於水裡社共同墓地，坐北向南，他有二個兒子，長子昌，次子標。

第二代祖陳昌（我外曾祖父），生於清同治五年（丙寅，一八六六年）九月十四日，卒於民國廿六年（昭和十二年）四月二十二日，葬在水裡社共同墓地，坐東南向西北。陳昌娶蔡匏，育有四子，長子平、次子豬、三子波、四子萬芳。

第三代祖陳平（我外祖父），生於清光緒十七年（辛卯，一八九一年）九月二十五日，卒於（年略記）二月十三日。陳平娶彭宜（我外祖母），生光緒二十二年（丙申，一八九六年）六月十二日，卒於民國五十六年十二月十六日。他們育有一子五女，長子陳火，長女陳變、次女陳燕、三女陳蕊、四女陳品、五女陳鶯。

以上到我母親陳蕊是第四代，到筆者陳福成是第五代，與我同是第五代的表兄弟姊妹共三十二人，目前大約半數仍在就職中，半數已退休。

寫作是我一輩子的興趣，一個職業軍人怎會變成以寫作為一生志業，在我的幾本著作都詳述（如《迷航記》、《台大教官興衰錄》、《五十不惑》等」。我從軍校大學時代開始寫，從台大主任教官退休後，全力排除無謂應酬，更全力全心的寫（不含為教育部編著的大學、高中職《國防通識》十餘冊）。我把《陳福成著作全編》略為分類暨編目如下：

壹、兩岸關係

①《決戰閏八月》②《防衛大台灣》③《解開兩岸十大弔詭》④《大陸政策與兩岸關係》。

貳、國家安全

⑤《國家安全與情治機關的弔詭》⑥《國家安全與戰略關係》⑦《國家安全論壇》。

參、中國學四部曲

⑧《中國歷代戰爭新詮》⑨《中國近代黨派發展研究新詮》⑩《中國政治思想新詮》⑪《中國四大兵法家新詮：孫子、吳起、孫臏、孔明》。

肆、歷史、人類、文化、宗教、會黨

⑫《神劍與屠刀》⑬《中國神譜》⑭《天帝教的中華文化意涵》⑮《奴婢妾匪到革命家之路：復興廣播電台謝雪紅訪講錄》⑯《洪門、青幫與哥老會研究》。

伍、詩〈現代詩、傳統詩〉、文學

⑰《幻夢花開一江山》⑱《赤縣行腳‧神州心旅》⑲《「外公」與「外婆」的詩》、⑳《尋找一座山》㉑《春秋記實》㉒《性情世界》㉓《春秋詩選》㉔《八方風雲性情世界》㉕《古晟的誕生》㉖《把腳印典藏在雲端》㉗《從魯迅文學醫人魂救國魂說起》㉘《60後詩雜記詩集》。

陸、現代詩（詩人、詩社）研究

⑥⑦《政治學方法論概說》⑥⑧《西洋政治思想概述》⑥⑨《中國全民民主統一會北京行》⑦⓪《尋找理想國：中國式民主政治研究要綱》。

拾參、中國命運、喚醒國魂

⑦①《大浩劫後：日本 311 天譴說》、《日本問題的終極處理》⑦②《台大逸仙學會》。

拾肆、地方誌、地區研究

⑦③《台北公館台大地區考古・導覽》⑦④《台中開發史》⑦⑤《台北的前世今生》⑦⑥《台北公館地區開發史》。

拾伍、其他

⑦⑦《英文單字研究》⑦⑧《與君賞玩天地寬》（別人評論）⑦⑨《非常傳銷學》⑧⓪《新領導與管理實務》。

我這樣的分類並非很確定，如《謝雪紅訪講錄》，是人物誌，但也是政治，更是歷史，說的更白，是兩岸永恆不變又難分難解的「本質性」問題。

以上這些作品大約可以概括在「中國學」範圍，如我在每本書扉頁所述，以「生長在台灣的中國人為榮」，以創作、鑽研「中國學」，貢獻所能和所學為自我實現的途徑，以宣揚中國春秋大義、中華文化和促進中國和平統一為今生志業，直到生命結束。我這樣的人生，似乎滿懷「文天祥、岳飛式的血性」。

抗戰時期，胡宗南將軍曾主持陸軍官校第七分校（在王曲），校中有兩幅對聯，一是「升官發財請走別路、貪生怕死莫入此門」，二是「鐵肩擔主義、血手寫文章」。前聯原在廣州黃埔，後聯乃胡將軍胸懷，「鐵肩擔主義」我沒機會，但「血手寫文章」的

「血性」俱在我各類著作詩文中。

人生無常，我到六十三歲之年，以對自己人生進行「總清算」的心態出版這套書。

回首前塵，我的人生大致分成兩個「生死」階段，第一個階段是「理想走向毀滅」，年齡從十五歲進軍校到四十三歲，離開野戰部隊前往台灣大學任職中校教官。第二個階段是「毀滅到救贖」，四十三歲以後的寫作人生。

「理想到毀滅」，我的人生全面瓦解、變質，險些遭到軍法審判，就算軍法不判我，我也幾乎要「自我毀滅」；而「毀滅到救贖」是到台大才得到的「新生命」，我積極寫作是從台大開始的，我常說「台大是我啟蒙的道場」有原因的。均可見《五十不惑》、《迷航記》等書。

我從年青立志要當一個「偉大的軍人」，為國家復興、統一做出貢獻，為中華民族的繁榮綿延盡個人最大之力，卻才起步就「死」在起跑點上，這是個人的悲劇和不智，正好也給讀者一個警示。人生絕不能在起跑點就走入「死巷」，切記！切記！讀者以我為鑒！在軍人以外的文學、史政有這套書的出版，也算是對國家民族社會有點貢獻，對自己的人生有了交待，這致少也算「起死回生」了！

順要一說的，我全部的著作都放棄個人著作權，成為兩岸中國人的共同文化財，而台北的文史哲出版有優先使用權和發行權。

這套書能順利出版，最大的功臣是我老友，文史哲出版社負責人彭正雄先生和他的夥伴們。彭先生對中華文化的傳播，對兩岸文化交流都有崇高的使命感，向他和夥伴致上最高謝意。

台北公館蟾蜍山萬盛草堂主人　陳福成　誌於二〇一四年
五月榮獲第五十五屆中國文藝獎章文學創作獎前夕

關於本書寫作動機與體例說明（代自序）

幾年前我到台中豐原一個朋友家中，友人告訴我他是天帝教徒。我問：「原來天地會現在變成天地教了！總舵主是誰？你們還搞反清復明嗎？」朋友笑著答「別鬧了！上帝的帝，天帝教你沒聽說過嗎？」

我確實聞所未聞，還是第一次聽到。朋友告訴我信天帝教仍可信原來的教，朋友給我一份資料，回家看了感到好奇，因為我永遠的老校長　蔣公竟是該教的「中正真人」，我黨孫總理竟是該教的「中山真人」。

我親自跑到位於新店的天帝教始院參訪，獲贈數本《天帝教教訊》，近幾年我每月也會收到一本《教訊》，我發現天帝教有豐富的中華文化內涵，針對這部份寫下我的讀書心得，加以整理而成本書。

本書並未針對天帝教教義神學領域有太多著墨，只有第一章略說之。而附件的「廿字修身法」是中華文化的核心價值，天帝教同奮的人生守則，錄於書末供參閱。

本書研究範圍，均以天帝教《教訊》為主，各章圖照亦取用自《教訊》，並註明出處來源等。

以一個佛教徒的身份，寫天帝教的作品，只能說天帝教的時代使命很吸引人，加上我的好奇，合成這個好的因緣，我的感覺上，佛教和天帝教也好像一家人，都正在積極推動「和平統一」大工程。有眾神加持，相信這個廿一世紀中國人要完成的大業，必能提早完成。（佛教臨濟宗第四十九代弟子本肇居士寫於二〇一三年春　台北公館蟾蜍山萬盛山莊）

天帝教的中華文化意涵
——掬一瓢《教訊》品天香

目　次

9 照片

天帝教
教訊
268
六月號
June 2006
http://tienti.info
聖凡平等・天人大同 THE T'IENTI TEACHINGS
中華一家

天帝教
174期

聖凡平等・天人大同
天帝教
教訊
FEB / MAR 2008
THE T'IENTI TEACHINGS / http://tienti.info
二/三月號
287 / 288

天帝教
教訊
2007 November
284 聖凡平等・天人大同
十一月號
THE T'IENTI TEACHINGS http://tienti.info

天帝教
291
JUN 2008
聖凡平等・天人大同
六月號 教訊
THE T'IENTI TEACHINGS / http://tienti.info

聖凡平等・天人大同
天帝教
教訊
APRIL 2008
THE T'IENTI TEACHINGS / http://tienti.info
四月號
289

天帝教
294
SEP 2008
聖凡平等・天人大同
九月號 教訊
大同堂
THE T'IENTI TEACHINGS / http://tienti.info

天帝教
293
AUG 2008
聖凡平等・天人大同
八月號 教訊
自然亭
THE T'IENTI TEACHINGS / http://tienti.info

11 照 片

天帝教
297
DEC 2008
十二月號 教訊
（詳47頁）
THE T'IENTI TEACHINGS / http://tienti.info

天帝教
295
OCT 2008
十月號 教訊
宗教對話與座談
宗教 家庭
（詳89頁）
THE T'IENTI TEACHINGS / http://tienti.info

天帝教
教訊
303
六月號
JUNE 2009
THE T'IENTI TEACHINGS http://tienti.info

天帝教
301
APR 2009
四月號 教訊
板橋字第1216號
奮鬥
（詳28頁）
THE T'IENTI TEACHINGS / http://tienti.info

天帝教
教訊
310
January2010
一月號
THE T'IENTI TEACHINGS
http://tienti.info
大地回春
聖凡平等 天人大同

天帝教
教訊
309
十二月號
December2009
THE T'IENTI TEACHINGS
http://tienti.info
聖凡平等 天人大同
(詳6頁)

天帝教
教訊
315
June2010
六月號
THE T'IENTI TEACHINGS
http://tienti.info
聖凡平等 天人大同
(詳12頁)

紀念本師世尊
110歲誕辰專刊
天帝教
教訊
314
MAY 2010
五月號
THE T'IENTI TEACHINGS
http://tienti.info
聖凡平等 天人大同

天帝教
教訊
326
MAY
2011
五月號
THE T'IENTI TEACHINGS http://tienti.info
天帝教辛卯年春季護國迎祥禳災解厄法會
(詳31頁)
聖凡平等 天人大同

天帝教
教訊
318
September2010
九月號
THE T'IENTI TEACHINGS http://tienti.info
(詳20頁起)

天帝教
教訊
334
JANUARY
2012
一月號
THE T'IENTI TEACHINGS http://tienti.info
自由廣場
全國宗教界感恩祈福大
財團法人
天帝教

天帝教
教訊
330
SEPTEMBER
2011
九月號
THE T'IENTI TEACHINGS http://tienti.info
華山
大上方
大門
玉泉院
聖凡平等 天人大同

天帝教
教訊
342
SEPTEMBER
2012
九月號
THE T'IENTI TEACHINGS http://tienti.info
聖凡平等 天人大同

天帝教
教訊
335-336
Feb Mar
2012
THE T'IENTI TEACHINGS http://tienti.info
(詳10頁)
聖凡平等 天人大同

天帝教
教訊
349
APRIL
2013
四月號
THE T'IENTI TEACHINGS http://tienti.info
聖凡平等 天人大同

天帝教
教訊
344
NOVEMBER
2012
THE T'IENTI TEACHINGS http://tienti.info
聖凡平等 天人大同

第一章　關於天帝教

圖 1：師尊高喊「教主！我願奮鬥」！。
圖 2：維生先生喊出「教主！我願奮鬥！」。
圖 3：光照首席高舉左臂呼叫「教主！我願奮鬥！」。
《教訊》329 期, 2011. 8, p17

一、何謂「天帝教」？

到底何謂「天帝教」？不知如何回答？若有人問何謂「佛教」？或者可答「信佛的宗教」；又問何謂「天主教」？也可答「信天主的宗教」。就是不須界定、回答，全台灣到處有佛教道場、天主基督教堂，以及全年度常有的宗教活動，一般人（非該教信徒）對佛教、天主基督，應無太大理解或認識的困惑。

但何謂「天帝教」？相信至今（二〇一三年春）許多人聞所未聞，就算突然聽人說起，你心中也有不少疑惑（包含筆者在內）。是故，在本書首章，先得把天帝教做一簡介。

在《天帝教答客問》這本小冊子的第一題，何謂天帝教？答說「以　天帝的宇宙大道為教化根本的宗教，是謂天帝教。」（註一）第四題貴教為何稱為天帝教？教主為何人？曰：「本教乃先天天帝教復興第一代，係直接承傳天帝親創之第一代帝教道統，奉行　天帝真道，自該稱為天帝教了。教主為　上帝。」（註二）

以一個「外人」的身份來看這樣的解答，還是很玄的，有待比較清楚明白且更實際的解答。在《天帝教教訊》第三一四期（二〇一〇年五月號）（本書以下行文都簡稱《教

訊》第△期），有「天帝教簡介」，至為清楚明白，可略為解答。（註三）

我們是「救劫」的宗教！「劫」指的是人類的大災難，如核戰、台獨引起的兩岸戰爭、日本侵略鄰國所引爆的戰爭等。

三十年來，積極祈禱 上帝大顯神威，化解或延緩世界核戰毀滅浩劫，以及致力兩岸真正和平統一。

我們強調，「救劫」是天帝教的時代使命，在中華民國台灣、日本、美國等地教院，日日都虔誠祈禱。

天帝教的教主 上帝，是宇宙主宰 玄穹高上帝的簡明尊稱，亦即中國人「齋戒沐浴，以事 上帝」的 上帝。

上帝創造宇宙後，即垂統、立教，為道統第一代天帝教教主。

爾後每當宇宙間發生重大嬗變之際，因應情勢 上帝遴派代表或使者，降生於各地區，創教行道教化，雖然各代所創教名不同，但是道統從未改變。

際茲核戰威脅，全球瀕臨毀滅邊緣，第五十五代天人教主李極初氏（李玉階大宗師）多次哀求 上帝，懇請宇宙最古老的天帝教重來地球，拯救天下蒼生。

民國六十九年（一九八〇年）十二月二十一日，蒙 上帝頒詔允准，位居無形親任教主，並派李極初氏為天帝教復興第一代首任首席使者，駐人間弘揚帝教，為拯救天下蒼生而奮鬥。

民國七十一年（一九八二年）二月十五日，中華民國內政部以台內民字第六二八八四號函覆天帝教「准許自由傳播」，復於民國七十五年（一九八六年）七月十六日以台（七五）內民字第四一七九〇八號函，准許設立「財團法人天帝教」。

天帝教的教徒，互相稱呼「同奮」，即共同奮鬥之意。

在個人修持方面，以奉行「人生守則」：忠、恕、廉、明、德、正、信、義、忍、公、博、孝、仁、慈、節、覺、儉、真、禮、和，是謂廿字修身法。

此二十字中，同奮任選二個字，力行在日常生活中，並以「塡記奮鬥卡、省懺、祈禱、靜坐」為每天的功課。

除個人修持，天帝教同奮恭誦「皇誥」與「三期匯宗天曹應元寶誥」為天下蒼生祈福，希冀結合祈誦的正氣力量，祈求　上帝化延毀滅浩劫，促使兩岸早日和平統一，恢復中華文化，　上帝真道早日普化全球，達到宗教大同、世界大同，天人大同的理想境界。

天帝教首任首席使者李極初氏於民國八十三年十二月證道回天後，由李維生（李子弋）樞機暫代首席使者二年後，始正式繼任第二任首席使者；民國九十六年三月，童光照（童明勝）樞機經天人共鑑拜命膺第三任首席使者。

天帝教以凝聚正氣的力量，化解詭譎多變的氣運，廣渡具有正氣人士，成為同奮，共同參加救劫行列。

同時，天帝教最特殊之處，是不侷限教徒同奮於一教一派，「信仰天帝教，仍可信奉原有的宗教」，以示「萬殊一本」、「萬教同源」。

目前天帝教在台灣、美國、日本等地都設有奮鬥據點，教徒同奮人數約五十餘萬人。其中，台灣有近五十座教院、教堂；美國有三座、日本有五座。（按二〇一〇年五月教訊資料）

天帝教的輔翼團體，則有社團法人中華民國宗教哲學研究社、社團法人中華民國紅心字會、社團法人中華天帝教總會、財團法人極忠文教基金會等。

這些輔翼單位，致力於不同領域的弘教救劫工作，對推動兩岸學術文化、社會服務、宗教會通、交流聯誼，卓有成就。

二、天帝教的道統衍流

在天帝教簡介中稱「上帝創造宇宙後，即立教垂統，為道統第一代天帝教教主。」又說「第五十五代天人教主李極初氏…」從宇宙初創至今，數十乃至百億年間，如何從第一代傳到五十五代，中間經過又如何？按天帝教文獻資料整理成下表：（註四）

天帝教道統衍流表

代	世代傳承
第1到50代	天帝創造宇宙即為第一代教主，在宇宙間各星球傳到第50代。
第51代	第51代傳到地球，是謂天極教，教主盤古氏。
第52代	第52代天源教，教主軒轅黃帝，中華民族之鼻祖，傳十五世代，昌盛有五： 神德教（教主天源道世第三代嗣—唐堯）。 神穆教（教主天源道世第四代嗣—虞舜）。 神明教（教主天源道世第五代嗣—夏禹）。 神隆教（教主天源道世第十代嗣—周公）。 文宣教（教主天源道世第十二代嗣—孔子）。
第53代	第53代天鈞教，教主鈞天上帝，統御五輔宗：太上教主、釋迦教主、禦寇教主、基督教主、雲龍教主。
第54代	第54代天德教，教主蕭昌明。
第55代	第55代天人教，教主李極初。（即天帝教復興第一代首任首席使者）

如上表所示，天帝教的教主是　上帝，也是宇宙的大主宰者，地球上各宗教也是奉上帝之命，來到人間傳播　上帝真道，但信徒要通過各宗教的教主才能到　上帝身邊。惟天帝教不同，天帝教的教主就是　上帝，人間不設教主，只設「首席使者」，這還有一段故事背景。

民國六十八年間，天帝教本師世尊李極初，認為三期末劫的急迫性，已經到了唯有上帝的先天天帝教重來人間，才能挽救劫難。因此，哀求　上帝慈悲特准先天天帝教重來人間，民國六十九年十二月廿一日，　上帝特准。同時詔命本師擔任教主。

但李極初不敢接受，向　上帝痛哭懇辭：「人間沒有任何一個人有資格當天帝教的教主，請　上帝親自擔任教主！」李極初再呈報　上帝，最後　上帝決定親自位居無形擔任教主，詔命李極初為首任首席使者。這段天帝教的「創教故事」，在天帝教許多文獻、書籍、教訊均有記錄，勿須詮註。

從第五十一代到五十五代，盤古、軒轅黃帝、堯、舜、禹、周公、孔子、各世代輔宗到師尊，正與中華文化一脈相傳，是故中華文化可謂天帝教的核心思想。

第五十四代和五十五代有直接的傳承，天德教屬第五十四代，正逢中土動亂及東寇（倭人）入侵，各界神佛如協天大帝（關聖帝君）、文昌大帝、觀音大士、天樞呂祖、南屏濟祖、北宗洪祖（鄭成功）等，紛紛奉　上帝敕令為道世輔宗，到處顯靈，救中國於危亡。

天人教屬第五十五代，教主即李極初，原係天德教教主的首座大弟子，輔弼天德教主建教於上海，復銜命傳佈天德教義於大西北諸省。尤於民國二十六年七月二日（對日抗戰前五日），謹遵天命攜眷歸隱華山，迨民國三十一年冬，天德教蕭昌明教主在安徽黃山證道歸空之日，當時奉命潛隱華山白雲深處之天德傳人李極初，即奉到　天帝頒詔敕封為天人教主，承繼道統為天帝教第五十五代。

惟自第五十五代返本還原，天帝教復興第一代重來人間蓬萊仙島。　上帝原先詔命李極初任教主，但他哀求　上帝親自擔任教主，人間只設首席使者，李極初乃成為天帝教首任首席使者，第二任是維生首席，目前（二〇一三年春）是第三任光照首席。

三、天帝教的組織

天帝教的組織可分有形和無形兩部份，在天帝教典籍多所論述。在無形之淵源體制方面，其組織是有道統性的，即與道統、法統結合。並隨時為無形應化有形，配合娑婆世界之局勢而異動組織及計劃與作業，故在無形界有其道源相承之「道統」應化於人間。

「道統」是天帝教的「天道淵源」，乃是宇宙主宰玄穹高上帝，再上去就到至高至極的無生聖宮——無生聖母，是宗教中的最高頂點，也是宇宙的至高無上根源。

這部份的「無形組織」，在非天帝教同奮的我這「外人」看來，因未能深入其經典與教義，有些形而上的玄，亦非三言兩語能說清楚，故不多言。

天帝教的人間有形組織，以全球為範疇，以全人類為目標，故其體制是跨國跨洲之世界性宗教。宏教組織從最高的「始院」，洲級的「統院」，國級的「主院」，省級的「掌院」，縣級的「初院」及鄉鎮級的「教堂」，凡六級五院一堂。各院內部組織亦為五級，即院教——三教長（參教長、贊教長、督教長）——各中心——各典司——各司。

「極院」是首席使者駐人間行使職權之最高組織，因天帝教人間不設教主，故首席使者無異執行教主之權責。惟所謂「五院」或「六院」，恐係在不同的年代，為因應不同任務，有不同的編制，如以下兩表。（註五）

- 天人研究總院
  - 天人文化院　天人親和院　天人合一院
  - 天人研究學院
    - 天人文化研究所　天人親和研究所
    - 天人合一研究所　天人炁功研究所
  - 天人修道學院
  - 天人訓練團
  - 秘書處
  - 財務處

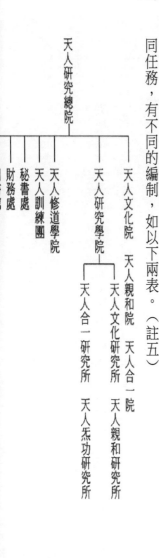

天帝教極院組織系統表

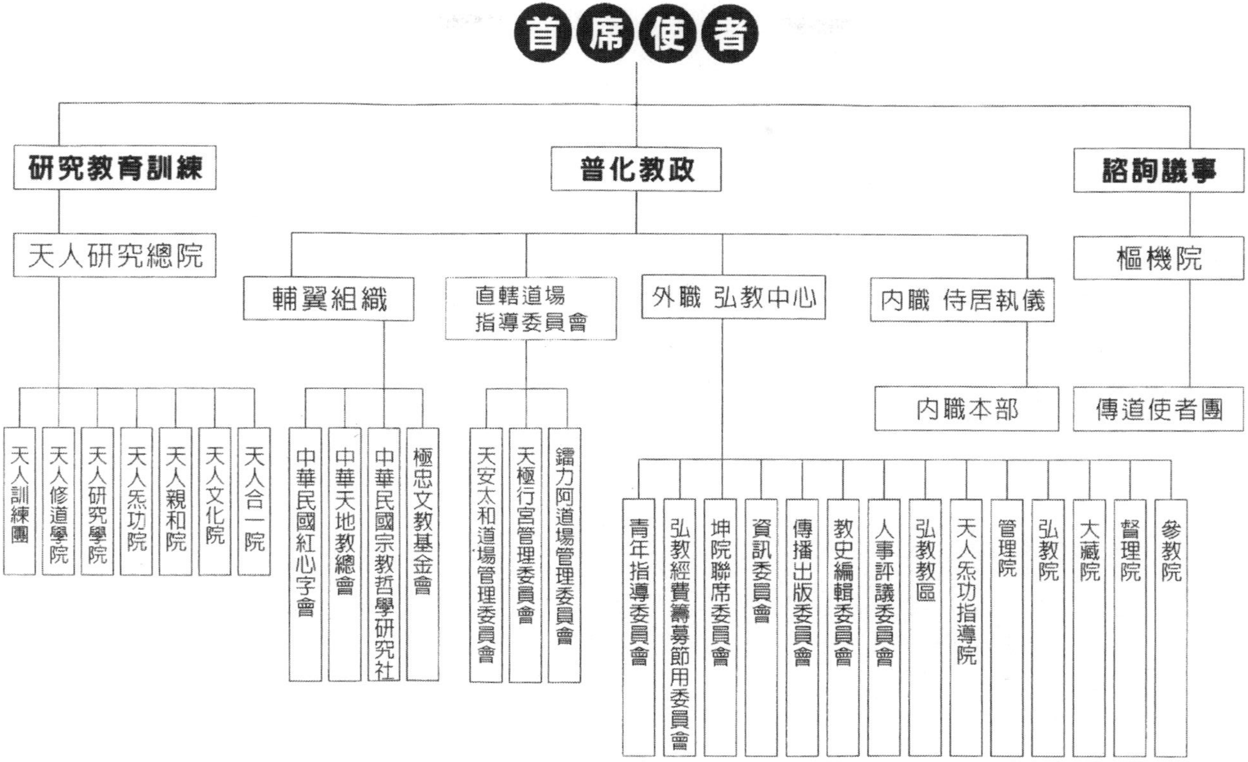
首席使者
研究教育訓練
天人研究總院
天人訓練團
天人修道學院
天人研究學院
天人炁功院
天人親和院
天人文化院
天人合一院
普化教政
輔翼組織
中華民國紅心字會
中華天地教總會
中華民國宗教哲學研究社
極忠文教基金會
直轄道場指導委員會
天安太和道場管理委員會
天極行宮管理委員會
鐳力阿道場管理委員會
外職 弘教中心
青年指導委員會
弘教經費籌募節用委員會
坤院聯席委員會
資訊委員會
傳播出版委員會
教史編輯委員會
人事評議委員會
弘教教區
天人炁功指導院
管理院
弘教院
大藏院
督理院
參教院
內職 侍居執儀
內職本部
諮詢議事
樞機院
傳道使者團

天帝教最高極院組織，於二〇〇七年十月十六日修正通過，是天帝教最新與最嚴謹的組織。其各部門、各院、會之功能、權責、任務，可見天帝教相關典籍。

四、上帝、天帝是誰？

天帝教所稱「天帝」是誰？在天帝教同奮的集會、祈禱及許多作品中，也常叫「上帝」。在中國古代經典和現在天主基督教也稱「上帝」，到底天帝教的上帝、中國人古代的上帝和西方上帝，是否同一位神祇？相信這是很多人心中「永恆的疑惑」，難解的習題。

天帝教第三任首席使者童光照先生，在「上帝真道先天蘊結　無名無迹傳佈十方」講詞有所論述。（註六）引其要義。

《天帝教教綱》第一章第一條「教源」：「為我天帝教道統始祖　宇宙主宰玄穹高上帝，道蘊先天，無名無迹，垂演正教，一本萬殊，行於宇宙上下，運化人間。」這裡的「上帝」就是宇宙創造者，也是第一代天帝教之教主，就是中國人所稱「齋戒沐浴以事　上帝」的　上帝，稱呼「上帝」或「天帝」，聖號尊稱為「宇宙主宰　玄穹高上帝」，這「玄穹高」的意思：

◎玄：妙不可言，妙不可解。

◎穹：極其寬廣博大，無可計量。

◎高：至尊至大，無可比擬。

故知，「玄穹高上帝」，即是宇宙之化身，是為了應化世人而示現也。但世人無知，往往會將　上帝予以「偶像化」、「固定化」，於是便產生形形色色的迷信，以致於誤會真正　天帝之大道，五大宗教對「上帝」有不同的概念。

道教：玉皇大天尊　玄穹高上帝。

佛教：天上、天下唯吾獨尊（亦稱天帝）（註七）。

回教：宇宙主宰唯一真神——安拉。

耶教：創造天地，宇宙主宰——耶和華上帝。

儒宗：齋戒沐浴以事　上帝，天人合一。

按天帝教的「上帝觀」，五大宗教的教主都是奉同一個　上帝之天命，來到人世間傳播　上帝真道。但為何五大宗教對上帝的稱謂，詮釋各有不同？因為各教的教主所顯化的地區，其歷史文化、地理環境、風俗習慣都不一樣，文明階段差異更大，來到人間所負的使命不同。其教化、傳教方式也不一樣。故有不同稱謂、詮釋等，而事實上所存在的真理，如前文講天帝教道統衍流，第五十三代的教主天鈞上帝，就統御地球上基督、佛教等各大教派，是謂的「五輔宗」。

現代的中國人可能受到近百年不當的「西化」影響，以為「上帝」來自西洋的天主基督思想，其實上帝、天帝，在中國古已有之，只是我們這幾代人都「忘了我是誰？」西北大學佛學所所長李利安教授，在「涵靜老人早期宗教哲學思想體系中問題意識」論文，提到中國人古代上帝、天帝的源頭。（註八）至少比天主基督的上帝早兩千年，這表示西方人比中國人晚了兩千年，才「發現」上帝的存在。

《易・益》「王用享于帝吉」孔穎達註疏：「帝，天也」。

或者稱「帝」、「上帝」，如《字彙・巾部》云：「帝，上帝，天之神也。」

或稱「天帝」，如《公羊傳・宣公三年》「帝牲不吉」，何休注云：「帝，皇天大帝」，《詩經・大雅・雲漢》則稱「昊天上帝」。

又稱「上天」、「天神」，《尚書・泰誓上》曰：「天佑下民，作之君，作之師。」

「天帝」亦聞世於春秋戰國時期，《戰國策・楚策》：「虎求百獸而食之，得狐。

孤曰：子無敢食我也，天帝使我長百獸，今子食我，是逆天帝命也。」

今天帝教的「天帝、上帝」，即是我國儒家「齋戒沐浴，以事上帝」之上帝，是宇宙中至高無上的主宰，故天帝教的神觀乃繼承中國古代的上帝觀念而來。

天帝教之所以在地球上的台灣寶島復興，另一個用意也要告訴中華民族的子孫，我們的老祖先在四、五千多年前就已信仰　上帝，在我國古代經典如《書經》、《詩經》及歷代無數名品，都無數次提到　上帝之名，我們炎黃子民也早已信仰　上帝。今天許多人以為「上帝」是西方人獨有，這是誤解和誤傳。

上帝的慈悲心叫「天心」，　上帝所在處稱「鐳都」（RADIM），鐳都就是金闕，就是上帝所在也。這位全世界的所有宗教的上帝，也是天帝教的上帝，　上帝就是　天帝，稱呼有異，同一個上帝也，「惟皇　上帝」，「齋戒沐浴，以事上帝」。

五、天帝教重來人間的目的，時代使命和終極目標

在天帝教的文獻中，常提到「天帝教重來人間」，為何說「重來」？必是「以前」來過，那是久遠以前的一次地球大滅絕。按現代科學家研究理解，目前人類社會所處的地球環境，正在邁向「第六次大滅絕」，而且已是不可逆了。換言之，「世界末日」的

來臨是一種「必然」，只是時間還多久的問題，此且不表，天帝教另有看法。在《天帝教答客問》小手冊（96年7月1日台北市掌院印），第十個問題「天帝教來人間的目的為何？」，有兩個簡單的回答。

（一）傳佈宇宙真道，化延毀滅，維持天體和諧，妙現神通。

（二）先天天帝教在這地球上沒來過，上一個地球毀滅之前可能有天帝教，「重來人間」表示在地球上天帝教過去來過，但不是這一次。在上一次地球毀滅、地殼翻身前一個盤古洪水淹天，上一次的地球我們科學家查出來地球翻身過七次，最近查出來十二次。但天上講十三次，表示我們科學技術相當高明，能測定地球翻身，一成一毀。但是上帝的天帝教在上一次已來過，這一次是第二次，所以師尊說「重來」是因為地球快要毀滅了，核子戰爭要毀滅了，上帝不希望地球毀滅，所以　上帝特准天帝教重來，要把我們這許多原人能夠搶回去，不要將來肉體、靈體通通都沒有了。

可見天帝教創教（重來地球），最廣義的宗旨是救地球免於毀滅，救全人類免於靈肉俱亡，但這是「未來式」，是很久以後的事，絕大多數的人每日顧三餐、顧玩樂、顧賺錢、拼事業，對這種事都是「四不一沒有」（不知道、不想知道、不相信、不管他、沒有智慧能領悟這種事）。只有像李玉階（極初）這樣的智者，才能洞悟天人真相，哀

求　上帝特准天帝教重來人間，使更多的人得以啟蒙、頓悟，天帝教的宗旨才有機會實現。

天帝教也強調「時代使命」，甚至說天帝教是為時代使命而創教亦不為過，這是地球上其他所有宗教所沒的，從未聞耶、回、佛等教有所謂「時代使命」。是故，此必然與創教者李玉階的生存年代，他所目睹之「劫難」有關，他目睹日本軍國主義的可怕、目睹國共內戰、目睹核武的毀滅性、目睹一九四九年後兩岸的分裂，於是他希望透過宗教力量，使中國和平統一，進而導向世界和平。

在天帝教印發的宣傳資料，提到這個時代背景和時代使命。一九七九年底，蘇聯入侵阿富汗後，企圖進一步切斷西方工業國家之油源，美國卡特總統發表強硬聲明，不惜動用核武保護波斯灣油田，第三次世界大戰之核子毀滅戰爭，一觸即發，地球毀滅，迫在眉睫。

當時八十歲高齡的李玉階老先生，日夜祈禱哀求　上帝化延，蘇聯雖然未敢輕舉妄動，波斯灣緊張風雲得能消散，但蘇聯征服世界野心日亟，於是李玉階老先生繼續日夜哀求　上帝教化親臨地球，化延浩劫，終能感格天心，於一九八〇年十二月廿一日，蒙　上帝特准先天天帝教重來人間，在地球台灣寶島復興，　天帝自任教主，由李玉階先生擔任駐人間首任首席使者，積極宏揚宇宙真道，應化人間，負起兩大時代使命。

（一）化延世界核戰毀滅浩劫

天帝教教徒同奮每日皆以至誠的心祈禱、誦唸皇誥，祈求　天帝妙現神通，旋乾轉坤，化延世界核戰毀滅危機。經過十多年來的努力，如今，此項使命已獲得初步的成效，美蘇兩國宣告冷戰結束。同奮正持續奮鬥直至全世界完全沒有核子武器，人類永久和平為止。

（二）確保天帝教復興基地台灣，促使中國和平統一

以天帝教復興基地台灣為起點，上體天心，呼籲世人急起從根自救，積極向上，樂觀奮鬥，擴大人類生存合作的思想領域，袪除侵略鬥爭的凶暴心理，邁向精神重建與道德重整，同時，促進中國的和平統一及各分裂國家的復合，永保世界繁榮，增進人類和諧幸福。

天帝教除有兩大時代使命，在其道場天極行宮尚立有一碑，「天極行宮玉靈殿三大特定任務」，在多期《教訊》常以「天極行宮三大任務」專題討論，或公佈同奮為此三

大任務奮鬥之紀行事蹟。碑文如下：（註九）

天極行宮玉靈殿三大特定任務

本行宮為　天帝降臨人間駐蹕之行宮，高踞中華民國台灣省台中縣清水鎮青雲嶺上，與大陸隔海相峙，精神上遙控神州，鎮壓魔風妖氣，貫通天心人願，奉　天帝遴選世界偉人中華民族救星國父　孫公暨先總統　蔣公中正為玉靈殿正副殿主長期駐節，執行特定任務：

一、結合有形無形力量，強固台灣寶島復興基地。

二、策動大陸人心歸向，導發民主改革。

三、媒壓中共體認時勢，放棄武力行動，接受以自由和平再造中國。

關於　上帝晉封孫中山先生為「中山真人」，晉封先總蔣公為「中正真人」，相信很多人很好奇，本書另在相關章節探究。這裡僅梳理天帝教的時代使命，此三大特定任務也算是時代使命之一，且是重要的使命，若簡化此三大任務之陳述，一言以蔽之，曰：

「完成中國和平統一」，壯哉！偉哉！多少政治家、多少政黨、政治團體、國際組織做不到的事，李玉階老先生創一天帝教，要以「神力」完成之。

「時代使命」或「特定任務」，基本上是某一時空背景中的「階段性工作」，為救某一時代之「劫」才有的。但天帝教自 上帝創造宇宙時就有了，俱有永恆性，故亦有其終極目標

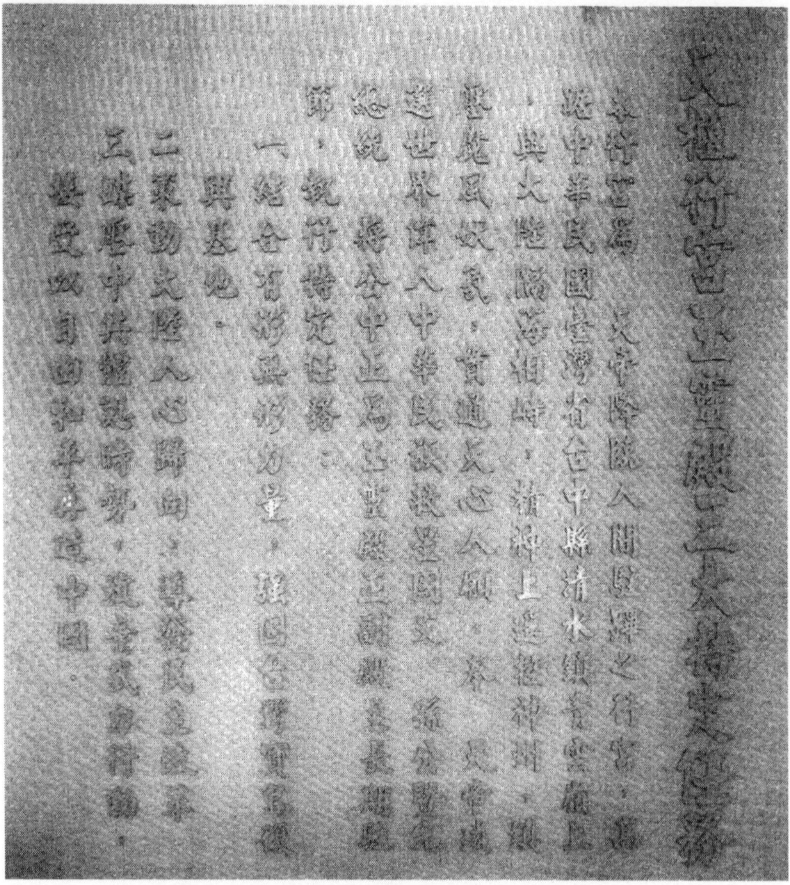

標示在天極行宮平等堂的三大特定任務。
《教訊》第 293 期 2008 年 8 月 p.21

和理想。

天帝教以生生不息，體天心之仁，親親仁民，仁民愛物為中心思想。先盡人道，正心修身，齊家報國；再修天道，積功累德，度人救世；進而修持身心性命妙道，恢宏天人合一真諦，在天帝教教義「新境界」的理論體系上，以真理——天帝宇宙大道為依歸，達成宗教大同、天人大同、世界大同，宇宙為家的奮鬥目標。

註釋：

註一：教訊雜誌社，《天帝教答客問》，台北，帝教出版社（民國八十三年十月修正一版），頁一

註二：同註一，頁二。

註三：編輯部整理，「天帝教簡介」，《天帝教教訊》第三二四期（二〇一〇年五月號），頁五八—五九。本書以下行文均以《教訊》簡稱之。

註四：天帝教道統衍流表，依據下列文獻資料整理而成：天帝教答客問、教訊第287.288.293.295期有關內容。

註五：兩表資料來源：《天帝教答客問》，同註一，頁三二；《教訊》第284期，頁五一。

註六：光照首席講授，「上帝真道先天薀結　無名無迹傳佈十方」，全文見《教訊》第295期（二〇〇八年十月），頁五—十一。

註七：我是佛教徒，對佛陀稱「佛、世尊」等許多稱號，但是否有稱佛為「天帝」，吾人不得而知，恐須再查經典或請益高明。

註八：李利安，「涵靜老人早期宗教哲學思想體系中問題意識」，全文見《教訊》第327期，頁二二—三九。

註九：《教訊》第293期（二〇〇八年八月），頁廿一。

第二章 涵靜老人 有你真好

涵靜老人

最值得景仰的老人

★ 柯緒渠（南區新境界）

畢生為「中華一家」理想奉獻的涵靜老人

涵靜老人李玉階先生，學名鼎年，字玉階，後以字行。公元一九〇一年倒裝在江蘇省蘇州城內大石頭巷李氏耕樂堂世家。二十八歲在南京任財政部部長宋子文簡任主任秘書，三十歲在南京皈依天德教蕭昌明教主，一九三三年在上海成立宗教哲學研究社，一九三四年奉師命赴西安傳道，並任財政部西北鹽務特使。一九三七年抗戰開始前五日辭官，攜全家上華山，坐鎮山頭，把守西北門戶八年，確保關中一方淨土，一九四三年在山中悟道，完成新宗教哲學思想體系一書。

一九四九年涵靜老人到台灣，一九五一年至一九六六年接辦自立晚報，獨立經營報紙，力倡新聞自由，政治民主。一九七八年在台北成立中華民國宗教哲學研究社，在這個基礎上，於一九八〇年創辦天帝教（財團法人），為台灣最早合法的十大宗教之一。

涵靜老人，書生報國，在台灣一直倡導中華文化，提出「中華文化老根在台灣」的高明思想，並且主張世界和平及兩岸的和平統一，畢生為了「中華一家」的理想而奉獻出。隨著這樣一個生命歷程的勾勒，值得我們以天人實學展開對涵靜老人深度探討的尋訪。《教訊》287/288期

一、第一屆涵靜老人講座：海峽兩岸生命文化系列

《教訊》第268期的「封面故事」，是長達近五十頁的第一屆涵靜老人講座，以海峽兩岸生命文化交流為主要內容。有來自北京大學和台灣的兩岸學者，以「中國文化與生命關懷」、「新時代的生命關懷」及「宗教中的生命關懷」為題，從宗教、哲學、科學的不同觀點切入，論證本期教訊封面故事「中華一家」的核心價值。

啓幕：青海的草原，一眼看不完，喜瑪拉雅山，峰峰相連到天邊，古聖和先賢……

二〇〇六年四月三十日，在天帝教的天極行宮華山講堂，傳出這首悠揚的「中華民族頌」，揭開「海峽兩岸第一屆涵靜老人講座」序幕……

我手拿著這期《教訊》，刻意把書舉高，學關公關老爺讀《春秋》的姿勢，要把文章看清楚些，心頭也在納悶，天帝教同奮真大胆，竟敢在光天化日下唱這首歌，不怕有人發動群眾上門抗議，丟雞蛋或石頭。

這是甚麼時節？公元二〇〇六年，台灣由獨派掌舵，正在大幹「去中國化」，游錫堃等深綠每日高喊「中國豬滾回去」、「我是台灣人、不是中國人」，有幾個人胆敢「光

天化日」下，說一聲：我是中國人。

所以，我還真佩服天帝教同奮，他們奮鬥的目標竟是「中國的和平統一」，包含這次的講座，開幕由李子弋教授（維生首席）主持，並由趙敦華教授以「人性與神性的張力：儒家和基督教生命觀的比較」為題，進行四十分鐘的開場專題演講。趙教授從「同源分流論」探解東西方宗教思想，中國儒家強調合，有天人合一的終極修為，基督思想認為人神相分，人須依靠上帝，而涵靜老人一貫主張萬殊一本、一本萬殊，這就是同源分流的觀念，是我們研究、修持的最高準則。

生命文化座談（一）：中國文化與生命關懷

有趙玲玲、李中華、王守常、巨克毅和張煒玲等教授發表高見，從儒、道、基督、回等各教派析論異同，但我認為問題還是出在「一神教」

圖片來源：《教訊》268 期（2006.6）p.2

上，基督天主認為「我是唯一真神」，其他當然就是「邪魔歪道」；反觀中國民間各宗教信仰，屬多神論或泛神論，有極大的包容性，故論生命關懷，中國文化超越（先進）西方許多。

生命文化座談（二）：新時代的生命關懷

有趙敦華、冀建中、王駿、陳伯中、劉建成等教授提出宏論，人類社會（不論東西方）走過幾千年，自工業革命後進行現代化運動已約五百年，而啟蒙自資本主義的民主政治制度流行約三百年。現在走到了廿一世紀，傳統的生命關懷思維理念還管用嗎？西方的沒落已講了一個世紀，早已有的共識是向東方（中國）取經。但冀建中教授說中國尚處於「斷裂」狀態，（註一）看來這個世界要向涵靜老人取經，他的「宗教大同、世界大同、天人大同」，是一帖能治癒當代社會重病的妙藥。

生命文化座談（三）：宗教中的生命關懷

有陳伯中、王宗昱、王博、呂宗麟、酈芷人等教授發表卓見，基本上都是一家之言，「一命各表」。盡管儒、道各家都在追求「長生、完人」，但王博教授最能揭開世間的真實。在真實的世界一切都有殘缺，有一點問題，從《莊子》「人間世」可知，所謂「完人」，一種是死人，一種是虛偽的人；而世上除已死之人，其他是活人，故若有任何活著的人說是「完人」。那便是一種不實，一個騙局，世人大多無知，以為心中的偶像真是完人。老子《道德經》亦曰：「大成若缺」，即是說完美並非真完美，殘缺才是完美。愚者不懂情有可原，智者不能不知！

吳月行：會通宗教哲學思潮　讓世界向中國走來

北京大學哲學系（系主任趙敦華教授）與天帝教天人研究學院（院長趙玲玲教授）師生們，透過一場「心心相印」的親和座談會，簽署了「合作計劃備忘錄」（如附印）（註二），透過學術交流，重新思考復興中華文化的問題，尤其面臨西方強勢文明的挑戰，現在到了歷史總結的時刻，也是歷史反思的關鍵時刻。

座談會也預告兩場大活動即將展開，一場是「極忠講座」，討論方向是「中華文化核心價值與其生命的活用」，以及「不同文化、不同領域是否可進行對話」。第二場是「孫文思想論壇」，主題探討「大陸兩岸的民生問題」。

座談會的「源頭」是北大的湯一介先生和天帝教的涵靜老人，他們有志一同以復興中國文化為一生職志。我以為，這個歷史源頭，兩岸頗有類似之處，台灣和大陸的中國文化都受到「重傷害」，在大陸是因文革，傳統文化被全面拔除，社會和人性完全扭曲

天人研究學院
北京大學哲學系

合作計劃備忘錄

立備忘錄人：　甲方：天人研究學院
　　　　　　　乙方：北京大學哲學系

緣甲乙雙方為共同推展中國文化及宗教學術研究，特簽訂本備忘錄，約定合作事項如下，俾供遵守：

一、創辦道學研究所

雙方基於共同目標，各自成立道學研究所，以加強學術研究交流合作所需之師資與設備，乙方同意每年固定招收甲方推薦人選，就讀道學研究所攻讀碩士或博士學位。

二、成立極忠講座

乙方同意自今年起，於乙方學校內成立「極忠講座」，每年至少 2 次在乙方之國際演講廳，邀請甲方人員或甲方建議之人選，舉辦大型演講；並將此講座排入乙方校園行事曆，列為常態性之固定活動。

三、舉辦孫文思想學術論壇

雙方同意自今（2006）年起由乙方與甲方，及孫文學術思想研究交流基金會，共同合辦「孫文思想學術論壇」。

四、學生交流

1．乙方應於每年，協助學生組團至台灣地區參訪研究 12 日；甲方應負責接待，並配合安排行程。

2．乙方同意甲方有權每年選拔菁英學生，保送至乙方之中國文化、佛學、宗教、美學、道學等五個研究所，並依北京大學之規定攻讀碩士或博士學位。

五、敦聘學術顧問

甲方同意自 2006 年起敦聘乙方資深學人湯一介教授擔任甲方之永久榮譽學術顧問。

六、附則

雙方確認本備忘錄乃雙方 2005 年 12 月 6 日簽署合作備忘錄之補充與重申，二份備忘錄所列事項，均為甲乙雙方合意之內容，雙方並同意就各合作項目執行細節，另行約定執行計劃，以付諸實施。

甲方：天人研究學院
地址：南投縣魚池鄉中明村文正巷 41 號
代表人：（簽名）
職稱：院長

乙方：北京大學哲學系
地址：北京大學哲學系 100871
代表人：（簽名）
職稱：系主任

變質，至今尚未「痊癒」；而台灣，也是「龜笑鼈無尾」（台語發音：差不多之意），因台獨之毒害，中華文化的「老根」也是奄奄一息。

天帝教維生首席沉痛的說，現今社會有少數人想切斷中華文化的根源，幸因天意和天命的安排，得到北大哲學系多數人的支持，成全我們這些海外的孤臣孽子，讓我們可以為中華文化而繼續奮鬥，讓中國走向世界，世界走進中國來。

維生首席：承繼儒道衍流　創發生生和諧世紀

各位來自北大的同道們，我們共同在中華文化中一起奮鬥，我認為這是我們共同的天命，也是我們在未來共同合作，交流的精神所在。

維生首席介紹他父親涵靜老人，一生受四句話影響，即宋儒張橫渠的**「為天地立心，為生民立命，為往聖繼絕學，為萬世開太平」**，一生追求三個目標：宗教大同、世界大同、天人大同。

目前天帝教總會正與廿七個宗教會通，這是努力的方向，人類最大苦難來自宗教衝突，所以不同宗教要會通，「敬其所異，愛其所同」。涵靜老人告訴我們，上帝賦予宇宙生命三種不可剝奪的權利：普遍平等生命的尊嚴、共生同榮生存的和諧和自由選擇生活的幸福。

張光弘隨行幽默報導：中華不就是一家嘛

天帝教同奮張光弘以「小子」自居，隨團報導了北大師生輕鬆活潑的一面。這回北大哲學系來台參與「涵靜老人講座」的師生群，較特殊的是「三華四王」，領軍的趙敦華主任是「大華」，另二位李中華教授和李少華。

「四王」是王守常、王宗昱、王博、王駿四位教授。「大華」趙敦華主任主修西洋哲學；李中華、王守常、王宗昱和王博四位教授都是中國哲學史的專家，尤其李中華、王守常和王宗昱三位教授都曾分別在新加坡、日本、香港講學。

年青的王博已來台七次，對台灣相當熟悉。兩邊的「領導」趙敦華主任與趙玲玲院長，有百家姓的排序可以調侃。兩位領導都是百家姓排名第一，王則排第八名，四個王「八」三個花（華）！為嚴肅的學術活動增添不少輕鬆笑抖！

「第一屆涵靜老人講座」能在民國95年開辦，建立兩岸文化交流的「高速公路」，在我這「外人」看來，像一個體質不佳的人竟能突然打遍「任督」二脈；因此時，台灣由獨派掌舵，正積極的要割斷兩岸關係，要另立乾坤，要阻絕中華文化，正在大喊孔子、

維生首席與敏憲院長為天人研究學院走出的一大步，讓帝教同奮與中華文化復興志業接軌。攝影／劉大彬。《教訊》268 期，頁 39

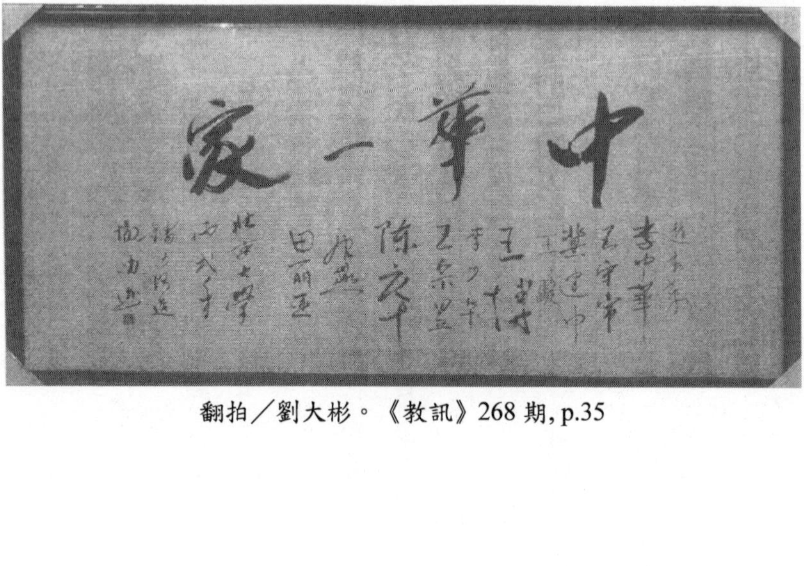

翻拍／劉大彬。《教訊》268 期, p.35

孟子、李白、杜甫、孫中山…都是「外國人」！

二、涵靜老人宗教學術研討會暨宗教聯誼會

國內各宗教團體積極在做宗教會通工作者，除天帝教還有佛光山，相較於二者，佛光山已是「世界百大」之內，信眾千百萬以上；而天帝教還是「中小企業」，信眾可能尚不到百萬，能以有限資源進行大規模兩岸文化交流和宗教會通，誠然是不可思議。這只能說每個天帝教同奮都是「無敵鐵金剛」，也可見涵靜老人影響力之大！

有朋自遠方來，不亦樂乎！蒞會致歡迎詞的光照首席《教訊》310．P.36.

「第八屆紀念涵靜老人宗教學術研討會暨98年度第二次宗教聯誼會」，於二〇〇九年十二月廿五日，在天帝教鐳力阿道場親和樓舉行。有來自大陸、台

灣、日韓等國各教派，學者參加。

光照首席致詞：宗教會通．關愛人間

台灣從十八世紀來自海帝國的侵略，以及遭逢日本「皇民化」高壓統治，加上西風東漸的「西化」，但台灣地區的中華文化並未被取代或殲滅。這中間有個重要因素，就是民間關公和媽祖的信仰力量，穩定了台灣地區中華文化的基石。

其中，關公主「忠、義」，媽祖主「孝、慈」，這些美德是中國人根深蒂固的崇高道德，是中華文化生根的源頭。這種民間信仰的價值，也使得任何外來文化，都無法撼動中華文化的老根。

左圖／開幕式中，光照首席（中）、曹中建副所長、巨克毅博士分別發表祝詞 右圖／宗教哲學研究社理事長巨克毅博士

《教訊》310. P.37.

光照首席在第二天致詞也談到，一九八〇年，涵靜老人以八十歲高齡復興天帝教，祈求世界永久和平、中華一家，兩岸中國人能早日和平統一，啟動各種可能途徑進行兩岸對話和交流。

曹中建：兩岸宗教學術研討・開創兩岸交流紀錄

大陸社會科學研究院世界宗教所副所長遭中建表示，這個活動要永遠辦下去。他說，李子弋先生早在首屆海峽兩岸宗教學術研討會就指出，「兩岸中國人已面臨關鍵期，唯有從學術文化及經濟這兩方面扣緊環節，才是使中華民族永遠結合，走向統一目標的可行路徑。」

涵靜老人始終把研究宗教哲學文化與中華民族復興、和平統一的偉業聯繫起來，不斷為和平統一的大目標奉獻。深信與會學者奉獻智慧和知識，一定可以取得很多有價值的新成果。

李子弋：宗教是社會的核心價值・絕非鴉片

極忠文教基金會董事長李子弋（維生先生），他也是天帝教第二任首席使者，承續他老爸涵靜老人的志業，也是了不起。更了不起的，涵靜老人證道十五年了，他至今仍睡在老人家睡的地方，「守孝」十五年，志業未完成前會一直守下去。這等說，中國一天未完成和平統一，他便一直努力下去。

關於統一問題，我從全中國的國家戰略和大戰略直指核心，中共目前並不想統一台灣，要保留「分裂國家狀態」，以利建軍（達到超越美軍水平），這至少是四十年後的事，此說來話長，本書不論。

維生先生強調，宗教是社會的核心價值，絕非鴉片。兩岸宗教學術交流是涵靜老人駐世時指定要做的大事，只有經由宗教學術交流，才能促進未來大陸宗教政策開明、開放的發展。台灣地區新興宗教的內涵，多以中華文化為主，這股教化，是維持中國文化老根的基石。

龔春生：兩岸經貿順勢而爲・簽訂 ECFA 不可逆轉

真理大學國貿系副教授龔春生，在會中提出一篇兩岸經貿論文。他從老子《道德經》一些論點，「順勢而為」、「為無為，則無不治」、「人法地，地法天，天法道，道法自然。」詮釋兩岸經貿及 ECFA 的簽訂，這是順自然而為，且已是不可逆轉。這表示馬英九已按下「兩岸統一鍵」，有如電腦按鍵，按下去必然出現一種結果，就算下任大選被獨派奪去，也不可能倒退了。

三、涵靜老人111歲華誕暨二〇一一年涵靜老人講座

天帝教以涵靜老人之名舉辦的各種活動，全年度經常都有。二〇一〇年紀念涵靜老人宗教會通論壇，於十二月廿四日起，一連三天在鐳力阿道場舉行，有兩岸學術界、宗教界，包含一貫道、軒轅教、天德教、天道、玄門真宗教會等代表，一百三十餘人，真是成果豐碩，影響力可以預見。

「紀念涵靜老人111歲華誕暨二〇一一年涵靜老人講座」，於二〇一一年五月六日起三天，在鐳力阿道場舉行，陣容強大，重點如後。

大陸學人來台參加紀念涵靜老人宗教會通論壇

巨克毅開幕演說：一代大宗師生命智慧人天合一

巨克毅博士（光膺樞機）開幕演說，感性的指出，涵靜老人是一位悲天憫人、天人合一的宗教家，亦是一位關心中華民族發展和文化存續的愛國報人，他已成為後輩同奮效法的典範。開場白後，有四篇專題講座。

李利安：涵靜老人早期宗教哲學思想體系中問題意識

西北大學佛學所所長李利安教授這篇論文，長達一萬多字，研究範圍限於一九四八年以前涵靜老人的宗教哲學思想，以《新宗教哲學思想體系》一書為研究依據。（註三）有五個次主題：

㈠涵靜老人早期宗教哲學思想體系中問題意識的歷史背景。
㈡涵靜老人對問題的發現。
㈢涵靜老人對問題的分析。
㈣涵靜老人的問題解決方法。
㈤涵靜老人問題意識中所體現的文化繼承性。

這篇論文幾乎涉及中國文化所有範圍，很難簡易下結論。但李教授認為用於廿一世紀，對於處理精神與物質、個人與他人、國家與國家、人類與自然，以及個人身心等，都具有重要的借鑒作用。

王駿：智慧、責任、愛，我心目中的涵靜老人

北京大學哲學系副教授王駿這篇「萬言書」，涵靜老人長子維生先生聆聽後，哭了三次，顯見王駿和涵靜老人完全印心了。長文有以下三大次主題：（註四）

㈠智慧：《新境界》本文之解讀。

㈡大責任：涵靜老人之人生抉擇與天帝教的社會實踐。

㈢大愛：終極性的信仰。

涵靜老人具有大智慧、大責任、大愛，他念茲在茲是中華民族的生存發展。我們如今紀念他，就要以他的這種精神促進兩岸和平發展，實現天帝教同奮孜孜追求的「中華一家」，才能告慰老人在天之靈。

政治大學宗教研究所李豐楙教授在親和樓四樓親和時，強調鐳力阿道場不是一個觀光地，而是一個「面對自己」的聖地。

教史委員會副主委黃敏思導引大陸學人了解本師世尊生前行館的點滴。

大陸學人專注聆聽黃敏思細說鐳力阿道場中，救劫亭與玄虛鐘的典故。《教訊》327. p.21

維生先生：母親成全．天命仍在蔣公（註五）

本次講座閉慕時，維生先生（李子弋）有一篇演說，以人子緬懷雙親的孺慕思情，說到父親（李玉階）的「毀家辦道」，母親百分百犧牲成全，令人動容，讀的淚都掉下來了。第一、母親賣掉所有最珍貴的首飾，維持李家在華山和西安道場的八年生活，以及初到台灣的生活。第二、父親于一九三七年七月二日上華山修道，事前根本沒有跟母親交換過意見，卻告訴母親有三種選擇：一是「你帶著四個孩子回上海」，因為上海的大家庭可以照顧你們；二是「你們留在西安」；三是「你們跟我一起上山」。他母親竟說：「上山下海都是跟著你走，你在那裡，我就在那裡。」而此時，維生十一歲，他下有三個弟弟，分別九歲、七歲、四歲。

第三點太可怕了，若當時成真，這世上必定沒有天帝教。原來當年日本軍隊已在風陵渡，國軍守在潼關，華山到潼關才二十華里，日軍一過黃河就到華山，這位母親竟準備兩包極毒紅砒，做最壞打算「一鍋紅砒粥」，全家六條命，全家吃了一起走。

維生的閉慕致詞也提到一個「天命仍在蔣公」的「歷史懸疑」，一九六〇年蔣公已任滿第二任總統，若要連第三任就要修憲，當然有很多意見，李玉階提出「天命仍在蔣公」說法，從蔣公走後這幾十年來，兩岸及國際有更多客觀研究，證明「蔣公路線」的正確，也間接證明「天命仍在蔣公」的正確性。

四、第一屆中華文化與宗教大同國際學術研討會

就在涵靜老人證道十七週年前夕，天帝教的國際化邁出第一大步。以第九屆紀念涵靜老人學術研討會，結合地球村形式，首度於二〇一一年十二月十六日至十八日共三天，在鐳力阿道場創辦「第一屆中華文化與宗教大同國際學術研討會」。

此項國際會議，有中華民國、荷蘭、美國、加拿大、愛爾蘭、以色列、剛果、香港、立陶宛、冰島、新加坡、丹麥、中國大陸等十餘國家與地區的學者專家，共襄盛會。

開幕式在十二月十六日下午三時舉行，主辦的中華宗教哲學研究社（簡稱：宗哲社）理事長巨克毅教授（光膺樞機），向與會的專家學者報告涵靜老人創建「宗哲社」之目的和意義，同時提示本次會議的七項子題：中華文化與宗教融合、科學與宗教之結合和會通、兩岸未來宗教發展趨勢、世界未來宗教發展趨勢、天人合一與宗教大同、兩岸和平與宗教大同、世界和平與宗教大同。

巨克毅：宗教大同與有無神論

巨克毅教授（也是中興大學國際政治研究所教授兼所長），在會中呼籲全球各大宗教不分畛域、不分信仰。以天帝教主張的宗教大同精神，「愛其所同、敬其所異」之原則，同心協力，拯救人心。巨克毅在論文中指出，各大宗教應本「道出一源」、「理一分殊」之真理，共同實踐宗教大同、世界大同，最後達到天人大同的境界。「天帝、上帝」信仰，在中國古籍《尚書》、《詩經》、《周易》、《春秋三傳》等有無數章節記錄著，人類社會走到廿一世紀，有天帝教的復興，對　天帝信仰重新詮釋，是當代社會的重要精神力量，有助宗教大同之實踐。（註六）

在有神、無神這個「零和」論戰，巨克毅教授提出四個概念供人理解，「人造神、神造人、人造人、人生人」。人神存在一個多元互動關係，人可以修煉成神，也能生人；神可以造萬物，但人神同處一個大宇宙中。

劉正涵：萬教歸宗入玄妙．各盡其功共榮華

弘光科技大學教授，天帝教天人文化院研究員劉見成（首名：正涵），以「王重陽

與涵靜老人：從三教合一到宗教大同」為題，發表演講時指出，「我們都是同一位　上帝的孩子，雖然我們長得都不一樣。如果所有宗教徒都能胸襟寬容，不再唯我獨尊，進而體認相異的信仰，可能是回到　上帝之家的不同道路；路雖殊途，回家的目的則一致」。（註七）

三教合一是中國從唐代以來的儒、釋、道三家融合過程，是千年的大工程，如今我們才能說「中華文化的三個核心價值是儒釋道」。涵靜老人思想受天德教主蕭昌明大宗師影響，而主張五教大同（儒、釋、道、耶、回），三教融合要經千年而成，五教大同不知要經歷多久？至少天帝教指出這條路，我們已經啟程。

歷史的紀錄！天帝教邁向國際化的第一步～中外來賓、同奮一同合照。《教訊》334. p.52

王駿：放棄二分法以三爲大·包融超越臻大同境地

北京大學哲學系副教授王駿這篇論文很有新價值。（註八）「二分法」在宗教上指的是有神論和無神論的對立，一神教和多神教的對決，都是一種「生死戰」；在其他方面，如社會、人生，東方與西方、你與我、敵與友、藍綠等，有我無你、有你無我，也是一種「零和遊戲」，都是無解的習題，除非一方「掛」了，輸了！贏者全拿通吃，事情才會結束。

這世界若都是「二分法」，使永無寧日。回教認為安拉是唯一真神，基督徒心中的上帝也是唯一真神，這下子誰贏了？「九一一事件」於焉發生，兩造都輸。

王駿教授提出「以三為大」，這確實很困難，因為要叫「一神教」改變教義，成為「多神教」，真的不容易，天帝教走出第一步。這世界不是只有你我，而是你我他及其他。

這場國際學術會議提出的論文、致詞，真是佳文篇篇，王蓉蓉教授「強調生命過程是超越之旅」、東吳大學物理系教授陳國鎮「宗教科學交相砥礪。終將揭露生命奧秘」、維生先生「為道勝化劫大戰略奮鬥」及會前的親和談話。另外，這次會議的幾位「老外」學人也有重要交流意見，順便略說於後。（註九）

△美國西雅圖大學哲學系副教授傑森沃斯（Prof. Jason Wirth）：我覺得中華文化很美好，我在台灣度過很特別的時光，兩岸和平很重要，台灣的未來、中國的未來，就是兩邊都可以過得很好。誰能代表中華文化？我會投票給在這文化中最好的人來代表。

大同這議題很重要，在這世界、我們這物種，在歷史上總是殘酷相互對待，較少善良對待，大同意義深遠。

△美國喬治亞州立大學哲學教授大衛瓊斯（Prof. David Jones）：美國人常常對中國有些誤解，也無法了解中國的秘訣，或說中國人怎麼成為中國人……兩岸中國人做了一些開端，也看到了成果，這是好的開始，有利於維持和諧狀態，還有能

維生先生帶著傷，仍與王蓉蓉教授（中）談論國際研討會細節，留下珍貴互動畫面。《教訊》335.336. p.114

冰島大學人文科學院副教授孔子學院院長蓋爾•席格德森（右）。《教訊》335.336. p.120

解決衝突的辦法，和平真誠的協調，我知道這很困難。

△冰島大學人文科學副教授孔子學院院長蓋爾席格德森（Prof. Geir Sigurdsson）：我主要專研儒學，主要目的是「和平」、「天下和平」，要達到這個目標，必須要先宗教大同，而中華文化在宗教大同上，可以比西方提供更重要貢獻；反觀西方，彼此是分離的，尤其基督教和伊斯蘭教，似乎很難找到共同點。如果能像天帝教一樣，大家相聚在一起，這就是一個很好的辦法。

△立陶宛維爾紐斯大學東方研究中心羅熱塔教授（Prof. Loreta poskaite）：這是我第六次來台灣，如果要談宗教大同，未來可以邀請專精基督教和回教的學者，而不是只有中國宗教。若能讓西方的專家也接受宗教大同，是很有趣的工作。

五、涵靜老人國際講座與宗教會通

二〇一二年，天帝教有兩場大型國際會議，第一場是五月廿五到廿七日，在鐳力阿道場舉辦「涵靜老人講座暨極忠文教基金會20週年慶」；二者「涵靜老人宗教會通論壇暨慶祝中華民國宗教哲學研究社成立35週年」。

中華天帝教總會理事長陳文華（光理樞機），歸納天帝教三大特質是救劫的宗教、人本的宗教和包容性的宗教，提示今年主題「宗教衝突與宗教大同」。

天帝教天人研究總院研究員呂賢龍（道名：光證），研究蕭大宗師、涵靜老人的一脈相承，這篇論文很長。（註一〇）大意說形塑涵靜老人宗教大同理念，尚有一關鍵人物，乃是他的師父天德教主蕭昌明先生，唯有把握蕭宗師對劫難的起因和亂象，宗教改革的倡導，才能全面理解涵靜老人的宗教大同思想。

呂賢龍另一篇講「靈魂、生死、神鬼」觀，這部份其實只有「一家之觀」，放眼世界，並無「共觀」，也許永遠沒有！

維生先生在閉幕講的「敬其所異、愛其所同」，這是涵靜老人宗教大同的基本原則。我以為在中國文化體系內的各種宗教信仰，這個問題不大，甚至說「沒問題」，所以中國歷史上沒有宗教戰爭。但西方問題可大了！基督和安拉如何「敬其所異、愛其所同」？？？至今看不出有解決辦法。

民國十九年，涵靜老人在上海創辦「宗哲社」，六十七年又在台北復組「宗哲社」。他在成立大會（台北）致詞時，引西方心理分析家弗洛姆的話，「十九世紀的問題是上帝已經死亡了，二十世紀的問題是人也死亡了。」「過去的危險，是人變為奴隸，未來的危險是人成了機械人。」

2012 年涵靜老人講座，來自國內外學者、貴賓、同奮等，齊聚鐳力阿道場天人研究學院前大合照。《教訊》339.期 p.4

維生先生（第 1 排左 2）邀約前來的中外學者群。《教訊》339.期 p.4

大會「主人家」～光照首席（右 7）、維生先生（左 6）、劉通敏教授（正炁・右 6）一同與中外學人們合影留念。圖片來源：《教訊》346.期 p.30

光照首席致詞期勉以「天人合一與精神鍛煉」為題，進行彼此對話與對談，必有助於與會者在學理上的深入，以及實修上的驗證。（《教訊》346.期 p.31）

大會主席劉通敏教授。（正烝・中間舉香者）帶領同奮與中外學人謁黃庭。

這裡的「人變為奴隸」，直指天主教、基督教的信仰，人成了上帝的奴隸。看來這是「天大的難題」，上帝不死讓人成為奴隸；上帝若死，則人不是「死人」就是機械。「死人」和「不是人」有何差別？

就我的理解，佛教和天帝教都很有包容性，西方宗教若想「和平相處」（暫不談宗教大同），佛教和天帝教都有可以取經之處。我這樣說是有所本的，天帝教明訂仍可信仰別的宗教，可見其包容性之大。

而佛教呢？總部設在瑞士日內瓦的國際聯合宗教會（ICARUS），二〇〇九年七月投票表決結果，「佛教是世界上最好的宗教」（詳見當時國內外報導），原因是有史以來沒有一場戰爭是由佛教發起。這是由天主教、基督教、穆斯林、猶太教等各宗教領袖，所進行表決的結果。

佛教已是二千多年的宗教，天帝教復興才不過幾十年。再下個百年工夫，也許西方也沒了宗教戰爭，那才是宗教大同，涵靜老人，有你真好！

註釋：

註一：《教訊》第268期，二〇〇六年六月，頁一〇。

註二：同註一，頁二四—二五。

註三：全文見《教訊》第327期，二〇一一年六月，頁二二—三九。

註四：全文，同註三，頁五六—六七。

註五：全文，同註三，頁六八—八一。

註六：全文見《教訊》第334期，二〇一二年元月，頁九—十六。

註七：全文見註六，頁十九—二五。

註八：全文見註六，頁二六—三三。

註九：國際學人的交流記錄，見《教訊》335.336 合刊本，二〇一二年二、三月，頁一二一—一二二。

註一〇：全文見《教訊》第339期，二〇一二年六月，頁一〇—二二。

第三章 聯合祭祖大典

——中華民族列祖列宗何在？

每年清明節，天帝教主辦全國祭祖大典，恭祀
中華民族列祖列宗。《教訊》289. p.110

一、「中華民族列祖列宗」是誰啊！

有不少個夜晚、閑暇，我翻閱《教訊》，有時像一些閒書，但翻到天帝教如何盡心盡力的去辦祭祖活動，看到「中華民族列祖列宗之神位」圖照，心頭像被一根針刺到，心頭緊痛，熱淚禁不住要掉下來，許久不能平復，只好放下《教訊》，喝一杯熱茶，和緩一下內心的悸動，靜思我的父母現在也是「列祖列宗」之一了！

這樣的情形好幾回，更是有感於現在的台灣（李登輝、陳水扁執政時期），把中華民族列祖列宗完全丟到「矛坑」裡，否定了自己的中華民族血緣關係，透過各種政治操弄，經二十多年的惡搞，還有誰知道「中華民族列祖列宗」是誰啊！知道的只剩阿伯、阿公、阿婆，這還扣除近半被獨派長期洗腦「說台灣人不是中國人」，說李白、杜甫、孫中山…都是「老外」…啊！怎不讓人感慨！痛哭！中華民族列祖列宗到底造了甚麼孽？？

獨派政權惡搞了八年，把國民黨在台灣的五十年建設基礎和累積的「祖產」，整個搞光、搞垮，可用「三光政策」形容，即吃光、貪光、搞光，澈底瓦解台灣五十年建立的基業。

大家認為統派馬英九又執政五年多到第二任了，應已改觀，其實破壞容易建設難，「起死回生」本是神話。加上馬英九魄力不足（該說太軟了），就更別提了。我這樣說是有根據的。這只要看看現在（馬英九已執政五年）的小學、國中、高中、大學的一些課本，當年獨派大幹「去中國化」，把列祖列宗打成「牛鬼蛇神」的內容，如今仍在課本內毒害著一代代的孩子們。為何不快清除或「消毒」？馬英九的執政團隊是無能、無力或是無感？？

拼經濟固然重要，「根」更重要，中華民族列祖列宗是我們的「根」。新一代人無根，光有錢何用？有錢就去當美國人，當澳洲人，而剩下的也是「洋奴」，大家不知道「我是誰？」怎會知道「中華民族列祖列宗到底是誰？」

當台灣人都不知道「中華民族列祖列宗是誰？」甚至人云亦云說「我不是中國人」，都忘了「我是誰？」那麼「台灣人到底是誰？」是美國殖民或倭國殖民？或他們的「人才養成所」。

相較於中國大陸，他們積極的幹起「中國化」運動，積極進行復興中華文化。局面愈來愈清楚，大陸同胞愈來愈知道「中華民族列祖列宗是誰？」，而台灣同胞愈來愈不知道「中華民族列祖列宗是誰？」，神啊！誰來救救台灣人？尤其救救「新台灣人」！

二、天帝教積極恢復「聯合祭祖大典」．喚醒民族英魂

在《教訊》第174期有一篇報導，天帝教在千艱萬難中一步步恢復祭祖活動。（註一）讓我感覺到，天帝教不僅是「救劫」的宗教，更是「救魂」的宗教，救中華民族的靈魂，救台灣人的靈魂，中國人經百餘年的「洋化」，而台灣人更遭五十年「皇民化」，「奴」的程度其實差不多，嚴重的「失魂落魄」至今未復原。天帝教諸同奮在歷任首席使者領導下，以捨我其誰的精神，要喚醒中華民族列祖列宗英魂，這真是「菩薩道」啊！

台灣地區的祭祖活動開始於民國六十年（我的印象更早也有），其時中華倫理教育學會的前身——中華倫理科學教育協會尚在籌備階段，即辦理「全國各界春節聯合祭祖大典」。至七十二年，擴大為海內外同胞聯合祭祖；至八十年（一九九一），更進而應邀至陝西省參加祭黃帝陵活動。余以為，「祭黃」使台灣地區的祭祖活動更有教育意義，對子民的「認祖歸宗」有意想不到的效果。

截至八十六年（一九九七）為止，在台灣地區已辦過廿四次祭祖活動，與祭者多達三十萬餘人；而到大陸地區參與祭祖共十四次，參與者逾五百餘人。由於反應良好，人數逐年增加，形成風氣，對海內外的中國人甚有啟蒙作用，若能持之以恆，成為各省區

及各地中國人的常年（定時）活動，對中國人理解「我是誰」？一定很有幫助，對於「中華民族的列祖列宗是誰？」的困境，也就迎刃而解，大家都了然於心。

惜自民國八十四年起中輟，（時李登輝執政，定是他內心日本皇民的奴鬼作怪，開幹去中國化，自然要先拔除民族之根，斷滅民族之魂。）祭祖活動於焉停擺。

天帝教維生首席（第二任首席使者），認為如此重要的倫理文化活動不可任其中輟，何況促成兩岸的和平統一是天帝教的人間使命，更是天帝教在人間復興的重要目標之一，祭祖可以加強民族團結，早日促進中國的再統一。於是，先在樞機會議中通過，責成總會策劃，逐步恢復祭祖活動。這等於「從地方包圍中央、從民間扭轉政府」，是扭轉乾坤的神聖任務。

天帝教要恢復並主辦台灣地區祭祖活動，談何容易，因為「人、財兩缺」，須要向外募款，須要很多專職人員。只有一股「天地正氣」支撐著天帝教的同奮們！他們找到早年負責此項活動的中華倫理教育學會秘書長席瑜先生，他經驗豐富，具資料齊全，兩會有共識共列主辦單位之一。又找到文化三清宮（隸屬道教），對於宏揚中華傳統倫理文化也有使命感，一拍即合，很快確定了三個主辦單位。

八十六年底，三會人員首次會於三清宮，第三次籌備會議則在天帝教始院舉辦。七月十五日下午，席秘書長、文化三清宮張代表及總會三位副理事長、秘書處人員共聚一堂，針對大典草案實施計劃逐一討論後，決議出下列事項：

△祭祖大典時間：八十七年十月十七日（星期六）下午三時至六時。

△大典地點：台中縣清水鎮天帝教天極行宮廣場。

△主辦單位：擬請內政部擔任（或指導單位）。

△承辦單位：中華天帝教總會、中華倫理教育學會、文化三清宮。

△協辦單位：軒轅教、一貫道、天德教、中華民國禮樂學會、台灣省孔廟管理委員會。

△贊助單位：各政黨單位、工商企業團、宗教團體、宗親會、同鄉會、商會、基金會等八十餘單位。

籌備委員會組織，預定奉准後兩週內正式成立，主任委員擬請內政部長擔任，副主任委員則由三個主辦單位負責人擔任，秘書長為席瑜，副秘書長為郝光聖和詹敏悅，執行秘書由三清宮遴派人員負責。籌委會分設秘書組、總務組、典禮組、接待組、財務組、安全組、交通組、新聞組等，已分別由三個主辦單位派任。

聯合祭祖大典是海內外同胞，共同祭祀「中華民族列祖列宗」，目的在教忠教孝、宏揚倫理。就以現在中國處於未統一狀態，祭祖可以加強民族團結，增進兩岸了解，更有利於天帝教人間使命之完成（即中國的和平統一）。天帝教的核心價值就是中華文化，故同奮們能全力投入祭祖大典，希望藉由祭祖活動凝聚民族情感，進而促進兩岸早日和平統一。

凡事起頭難，有了這次的恢復，再次開辦祭祖大典，往後還有很多次盛大祭典，都是天帝教主辦，獲得海內外中國人的熱情支持，不僅極有意義，也產生深刻的影響。以下各節按《教訊》記錄，略選若干，除了歷史回顧，也能產生「再教育」效果。

三、丙戌年中華民族海內外同胞聯合祭祖大典（註二）

一首「中華民族頌」，觸動每個人心底的那根絃，讓民族感情在剎那間，古今交會，才明白身為中國人，是多麼驕傲。只有包容成「中華民族大熔爐」，才不會因撕裂而分割了血濃於水的民族大愛，今年祭祖大典主題是「寬恕」。

民國九十五年（丙戌・二〇〇六）三月廿六日，中華民族海內外同胞聯合祭祖大典，假台中縣清水鎮天帝教的天極宮舉行。參加的宗教團體有：**天主教、一貫道、軒轅教、天理教、天德教、禪機山仙佛寺、松山慈惠堂、谷關大道院、中華玄門真宗等**。其他尚有宗親會、社會團體等，共計有十九個單位參加。

宗教、宗親、社會團體和天帝教同奮們，齊聚一堂，恭謹地向中華民族列祖列宗神靈前祭祀，緬懷先祖創造文明文化，並祈求在天之靈佑我國運昌隆，社會和諧安定，兩岸早日和平統一。

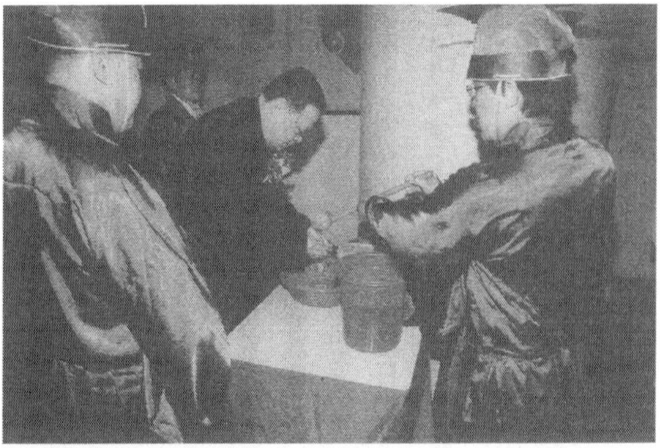

亞獻禮的主祭官廖正豪總會長上台前淨手。攝影／楊靜則。《教訊》268. p.66

天帝教十二位新派任傳道師擔任陪祭，全體虔誠致敬追思華夏先祖。攝影／楊靜則。《教訊》268. p.66

祭祖大典從莊嚴的國歌開始，初獻禮的主祭者是天主教王愈榮主教，天主教和祭祖大典淵源極深，是當年有狄剛總主教的倡導，才有今天的祭祖大典。（疑註：這表示天主教已接受中華文化，可謂「本土化」有成。但基督教似乎尚不能接受中華文化，吾有一友，他女兒信了基督教，即回家把祖宗牌位丟到門外，不准家人拜「偶像」，強「壓」著媽媽去教堂，險些氣死老母。若然，基督教並不適合中國人信仰，除非完成「本土化」。）

亞獻禮主祭官是前法務部長廖正豪先生，三獻禮主祭及送神是由台中縣副縣長陳茂淵先生擔任，賜福禮主持人是企業家朱坤塗先生，受福者由天帝教第四代代表蔡大光同奮領受。送神後全體唱「中華民族頌」：**古聖和先賢，在這裡建家園，風吹雨打中，聳立五千年，中華民族，中華民族，經得起考驗……**

《教訊》這篇文章的作者詹敏悅寫的，驀然回首，身旁八旬老翁臉上爬滿了淚水，他顫抖地握住我的手，搖晃我的手說：**「秘書長啊，這真是你的功德啊！」**我已語塞，淚眼迷離中，只能點頭示意。

詹敏悅深刻感受的，「這不是我的功德，是我們身在撕裂的現實環境中，我們血濃於水的民族情感被壓抑、被深埋…觸動中國人心底的那根絃…」

是啊！民國九十五年，二〇〇六年，獨派執政者正在操弄兩岸中國人的情感，撕裂親情，高喊「台灣人不是中國人」、「中國豬滾回去」…真是情何以堪！難怪一首「中華民族頌」，讓大家灑下熱淚。這是天帝教接辦的第八次祭祖大典，以往從未有的深刻感動。

四、丁亥年祭祖結合媽祖國際文化觀光節（註三）

民國九十六年（丁亥、二〇〇七年）三月廿五日，「中華民族海內外同胞聯合祭祖大典」在天帝教天極行宮舉行，並為「大甲媽祖國際觀光文化節」系列活動之一，今年彰顯的是，堯舜禹湯文武周公孔子國父之中華文化一貫道統，必在海內外炎黃子孫血脈中滾動，為天地立心，為生民立命，為往聖繼絕學，為萬世開太平。

今年難得邀請馬英九先生當總主祭，並有各宗教、宗族、社會等團體，共計有廿二個單位與會。

十點整祭典開始，總主際官馬英九負責迎神及初獻禮儀式，亞獻禮由國際尊親會董事長廖正豪先生擔任，台北

光照首席與陳光麟開導師（右六）《教訊》294 期. p.105

市佛教會理事長釋明光法師負責三獻禮及送神儀式。賜福禮邀請坤泰文教基金會董事長朱坤塗（光源）頒授福屏，由天帝教第四代青年才俊張正幸代表接受，象徵福祚綿延之意，祭典在向列祖列宗神位上香致敬後圓滿完成。

值得一提的是，天帝教之祭祖大典、文昌祭和媽祖文化祭，三者均以中華文化的精神為核心，又都在三月份舉辦，經多方協調，台中縣政府將三個活動列入系列節。國際媒體、金氏世界紀錄、Discovery 頻道，紛紛來探訪或製作專集，這對新興的天帝教是莫大肯定和宣揚。

《教訊》二七九期有一篇「祭祖大典問答」，問祭祖意義何在？天帝教總會秘書長詹敏悅同奮答以，虛懿子問孝，子曰：**「生，事之以禮；死，葬之以禮，祭之以禮。」**祭祖是孝道的延伸，是傳統文化的發揚，使社會風俗道德趨向篤厚。所以曾子說：**「慎終追遠，民德歸厚」**。天帝教就是用這種「無形的力量」，凝聚海內外中國人的心，終必促成不久的未來，再完成中國的和平統一大業。

五、戊子年中華民族海內外同胞聯合祭祖大典（註四）

戊子年祭祖大典結合媽祖文化節舉辦，二〇〇八年三月三十日在清水鎮天帝教天極行宮隆重舉行，有各界一千五百餘人共襄盛典，核心思維仍是彰顯中華文化民德歸厚的精神，團結海內外的中國人。

今年總主祭邀請全國最高立法機關首長，立法院長王金平先生主持，亞獻禮是軒轅教大宗伯陳怡魁先生主祭，三獻禮是台中縣民政局長呂英俊先生主祭。「賜福禮」由天帝教資深樞機使者江光節先生擔任，受福者是何大寧同奮。各界團體上香代表，由大中華鄉親聯誼總會長張世飛先生主祭。

今年深值一提者，是十二聖像首度陳列在大典會場中，十二聖像是名畫家王德亮先生耗時兩年繪製完成，分別是：伏羲、神農、黃帝、堯、舜、禹、湯、文、武、周公、孔子及孫中山先生，象徵中華民族的道統，也是中華民國列祖列宗的代表。

今年祭典在中華民國禮樂學會指導下，依循祭孔大典之儀軌，服飾及禮儀皆依明朝古制進行，大家在至誠至敬的古禮中，深深感受到中華文化的內涵，也是一場心靈、精神的洗禮。

最後是送神禮，包含行禮、送神、望燎、闔扉等，大典圓滿完成，在全體高亢大合唱「中華民國頌」，劃下句點，歌聲波瀾激盪，滿溢每人心中。這一千五百多人，來自海內外各界的中國人，他們又會把感動傳播出去。廿一世紀中國人能團結，能完成和平

立法院王金平院長擔任主祭，恭謹向中華民族列祖列宗上香。
《教訊》289 期. p.109

上香總代表大中華鄉親聯誼總會張世飛會長，率各界代表敬祀炎黃先祖。《教訊》289 期. p.110

統一大業，天帝教自首任首席使者涵靜老人以來，所有同奮居功至偉至鉅。

六、己丑年中華民族海內外同胞聯合祭祖大典

今年的祭祖大典除天帝教主辦，另有中華倫理教育學會、中華民國禮樂學會、台中縣文化局等，均列入主辦單位。於二〇〇九年三月廿一日在天帝教天極行宮舉行。

今年主祭兼初獻禮仍由立法院長王金平先生擔任，亞獻主祭者為天主教豐原天主堂主任神父鄭文宏蒙席，三獻主祭為台中縣副縣長張壯熙先生。

各界代表上香，有大中華鄉親聯誼總會總會長張世飛、台灣地區全國各省市同鄉會秘書長馮慽山、美國加州中華民族文化發展協會會長孫傳善先生，均同時上香。

江光節樞機（最前面右）將「福」屏高舉後打開，象徵將祖德與福祚綿衍傳遞。《教訊》301 期. 四月號

祭祖大典是彰顯中華民族倫理精神的活動，不是嘉年華會，可以讓找不到「根」的中國人，領悟「我從那裡來？」不知天帝教是否有可能邀請「綠營」人物，尤其是「深綠」的，更尤其罵「中國豬滾回去」（如游錫堃）來參加祭祖大典，讓他們知道自己「根」在那裡？不要背叛了自己的列祖列宗，不要當炎黃的不孝子孫！

七、庚寅年祭祖大典融入濃郁中華文化（註五）

庚寅年祭祖大典，於二〇一〇年三月二十八日在天帝教天極行宮舉行，儀式如常，並無新意，惟今年較凸顯濃郁的中華文化蘊涵，海報設計以「格天」二字呈現，透發世間珍貴唯一「誠」，不誠無物。

「賜福禮」部份，由中華民國主院副主教朱光源，以及受福者李元孚同奮對應，簡單的薪傳、承恩、加冠等儀禮，闡揚了祭祖和中華文化「孝道」的倫理。

今年難得恭請三位德高望重長者前來加持，主祭者台中市長胡志強、亞獻禮為台北市佛教會理事長明光法師、三獻禮是維生先生（天帝教第二任首席使者）。

今年是天帝教從民國八十八年第一次接辦祭祖大典，已是第十二次主辦，每次都是一千多人以上的盛典，這對新興的天帝教而言，真的是「天大的工程」，光是硬體（物質面）就是人力物力財力的大考驗。

最難的是軟體（精神面），要做到「功德圓滿」、感動人心、感動天心，這是多麼的不容易。我並未親臨現場，只看《教訊》報導，我就知道天帝教每回辦祭祖大典，必是「驚天地、泣鬼神」，也必然感動了中華民族的列祖列宗。

庚寅年祭祖大典融入濃郁中華文化
文/鶯鍛悅
圖/蔡光貧、李光迦

準備引領各教代表的服務同奮，早在一旁恭候。《教訊》313 期. p.104

註釋：

註一：《教訊》第 174 期，一九九八年八月，頁五八—五九。

註二：詹敏悅，「回溯我們的根源。凝聚民族大愛」，《教訊》第 268 期，二〇〇六年六月，頁六四—六九。

註三：《教訊》第 279 期，二〇〇七年六月，頁五五—六一。

註四：《教訊》第 289 期，二〇〇八年四月，頁一〇九—一一四。

註五：《教訊》第 313 期，二〇一〇年四月，頁一〇四—一〇六。

第四章 天帝教之天人實學

天人實學

「第8屆天人實學研討會」

編輯部

圖1/近來多以「義診」方式，解疾療病的黎光蜆中醫師同奮，認為人的本身具有創造力；發揮積極樂觀奮鬥的精神，生命多重系統即產生極大力量，健康指日可待

圖2/天帝教第一位拿到中國大陸社會科學研究院哲學博士的劉敏首同奮，今年以「學道須知道，掃淨六賊心：〈學道則儀〉初探」，提出論文報告

圖3/擔任2場座談回應人的高敏膺開導師，洞察敏銳，立論犀利 《教訊》310, P.29.

圖4/台南縣初院開導師李敏珍，有對慈愛寬厚的雙親～維藏、賢藏，不但無微不至照料已為人母的李敏珍開導師及愛孫，也勤於「五門功課」，是為奮鬥表率

圖5/就讀於南台科技大學的施大盈同奮，協助大會全程錄影，盡責又認真

圖6/來自嘉義朴子的林緒裁與蔡奮帅同奮，落實節能減碳原則，騎自行車專程前來參加「天人實學研討會」，兩人總計騎了數百公里，精神令人敬佩

圖7/遠從加拿大來的曾化宣、翁雪教賢伉儷，98年4月返台，預計以1年時間，在台停留學習，舉凡鐳力阿大大小小活動，兩人都發心當義工

圖8/大藏室謝敏榜開導師（左一）報到當天，全神貫注，發心幫忙

圖9/每個場次播音組都搭起「妙音」橋樑，俾利銜接與傳達。左起：趙淑可、呂鏡芬、蔡華存等同奮

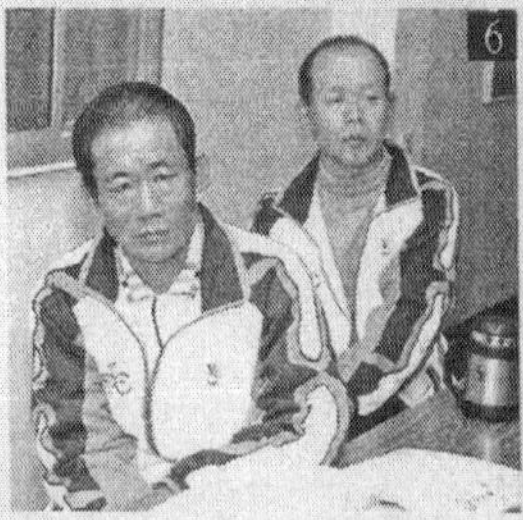

一、天帝教「天人實現」的內涵

天帝教的「天人實學」是甚麼?在《教訊》一七四期有一篇蔡光思開導師執筆，八十七年第一期「開導師養靈營日誌」，提到師尊（涵靜老人）思想的整理，定名為「天人實學」。（註一）這是對一個宗教家、思想家一生的定位，如同我們對孫中山思想或可定位在「三民主義」，但三民主義可以簡略稱「民族、民權、民生」六字內涵，若深入探究所有內容，則深廣如太平洋，乃至整個社會、天下、宇宙，均可包容在內。

涵靜老人李玉階的「天人實學」內涵為何?為使各界理解天人實學，天帝教透過學術研討會之途徑，每年舉辦一次。其第二任首席使者維生先生，改為天人實學「年」會，是天帝教年度重要文化盛典，歷屆舉辦時間是：

△第一屆天人之學研討會：民國87年12月12日。
△第二屆天人實學研討會：民國89年12月27日。
△第三屆天人實學研討會：民國91年12月15日。
△第四屆天人實學研討會：民國93年12月24日。
△第五屆天人實學研討會：民國95年元月15日。

第六屆天人實學研討會：帝教文化內涵

民國九十七年（二〇〇八年）元月五日起兩天，第六屆天人實學研討會在鐳力阿道場舉行，大會發表甚多論文（作者、主題附印）。呂光證在他的文章提到，這次盛會有兩大特色。（註二）

第一、天人文化、親和、炁功、合一，這四大領域發表的成果相當平均，且兼顧論文發表與實務交流，既有綜合傳統文化和新科學探索天帝教內涵，也有以田野調查進行個案研究，揭露同奮實修經驗，闡述實證的精采報告。

第二、落實制度運作，將涵靜老人手訂的「天人親和」，「天人合一」「天人炁功」「天人文化」四大領域，分別由總院的四個研究院負責，此四大領域正是天人實學的內涵。

光照首席在「探求宇宙究竟，促進天人大同」講詞提到本師世尊指出三個天人實學的重要方向：㈠揭破宇宙秘奧，深入太空探求宇宙最後究竟。㈡溝通天人文化。㈢傳播天帝真道。按此三大方向，進一步將天人實學歸納成三大思想體系。（註三）

第一、大經：《新境界》，大經就是道統，主要在闡述宇宙大道，是天人實學的基礎。

第二、大法：《天帝教教綱》，大法就是法統，是天帝教組織制度的源頭，是救劫弘教的行動綱領、啟迪佈化之依據，也是天帝教的建教憲章。

第三、大寶：《宇宙應元妙法至寶》，大寶就是炁統，也是昊天心法的修持依據。

大經、大法、大寶是天人實學的三大思想體系，最後以天人合一來貫通整個天人實學。而天人合一是中華文化哲學思想的最高境界，這是中華民族立世之根本。

是故，若孫中山先生是透過政治途徑救中國、救中華民族；天帝教就是透過宗教力量救中國、救中華民族。可敬、可佩啊！天帝救同奮們！

二、第七屆天人實學研討會暨「天人實學列車」啟動

九十八年（二〇〇九）元月十日起兩天，第七屆天人實學研討會在鐳力阿道場舉行，

光照首席期勉探求宇宙究竟促進天人大同　攝影／曾正高《教訊》287、288 期. p.32

有廿一篇論文可從天帝教網站（網址／http://tienti,info）賞讀。另在《教訊》第299.300期合刊尚有幾篇短文深值一讀：光照首席「勉同奮通過天人合一體悟」、編輯部「指委會主委劉光爐樞機分享多年服務經驗」、黃敏歸、劉靜凡「天人炁功服務實例報告」及維生先生的閉幕式演說，摘其演說重點如後。（註四）

第一、沒有「第三神論」為基礎，所有天人合一、天人親和、天人炁功與天人文化，也都沒有核心，失去了立足點，沒有辦法成為改革性的宗教思想體系。

第二、道學並不是道家的，什麼是道學？道學就是宋明理學，從北宋著名理學家周敦頤、邵雍、張載、程顥、程頤諸人，稱「北宋五子」。到南宋有朱熹、陸九淵，世稱「朱陸」學派。到了明朝王陽明，是道學的傳承者，研究中國之學並未稱理學，而稱「道學」。

第三、我們修持的心法是「天人合一」，來自張載的《正蒙・乾稱第十七》，曰：「儒者因明致誠，因誠致明，故天人合一。」

第四、天帝教的天人合一是三個部份，都是來自　上帝。一是「昊天心法」、再是「靈陽真炁」、三是「救劫封靈」。這是一條大道，修持上的昊天心法，來自　上帝加持的靈陽真氣，最後我們自己突破，獲得上帝的封靈。但上帝封靈要通過你救劫之後，才能夠有，要自己培功立德，最大的功德是救劫，而不是小乘的自我自了。

大會發表論文如下：《教訊》287、288，P.35。

(姓名排列依場次別)

介紹 道名	論 文 名 稱
沈緒氣	大道何以言兵？論《呂氏春秋》〈蕩兵〉、〈順民〉二篇
洪靜雯	愛氣・養神・安平太－<老子河上公注>讀書報告
劉鏡仲	人極至中 一合天人：從大儒劉宗周人極圖而臻以人為本、以心為用、無著無住、慎獨合天
黃靜窮	從天人合一到天人實學－試論張載學說旨趣
劉普珍	劉普珍：評介宗樹人〈道與國：李玉階對華山道教的再造〉一文
李敏珍	道教斬赤龍初探
黃緒我	對「修一己真陽之氣」之探討
呂光證	從外丹、內丹之理論實踐與證驗文化淺論無形金丹
鍾雲鶯	民間教派對《論語.學而》首章的解讀－以王守庭、江希張、孟穎為例
施靜嚼	從《皇極經世書》談<為什麼要在地球上復興先天天帝教>一文
楊緒度	從自然觀談全球暖化及環境保育
高緒舍	意識對水的影響之探討
劉秋固	天人合一的美學經驗
劉正涵、張鏡宇	天道與人道－全真教與天帝教之比較研究
賴緒照	正宗靜坐炁氣循行運轉初探
劉緒潔	靜坐過程中褪黑激素之分泌研究
賴緒照	天人炁功（靈體醫學）對憂鬱症理療之機理初探
劉正炁、王光髓 陳信富、吳季樺	靜坐默運祖炁導致自律神經變化的探討
劉正炁	「天人親和」電力放射的科學觀
劉緒潔	從炁的本質探討親和力方程
林緒致	陰陽電磁場研究
林大存、顏大青 林緒致	美國普林斯頓大學 GCP 之計劃研究初探
王光髓、劉正炁 黎光蛻等 11 人	從天人醫案探討同奮如何突破業之因果論
黎光蛻	天帝教的身心靈思想初釋生命醫學
周正尋	「承負與劫運」之業力研究－初探天人醫案聖訓與業力之啓示
梁靜換	從天人親和真經看巡天節

(以上所有論文，將於近期放置天帝教網頁，以供閱讀或下載)　黃敏書製表

接受天人炁功服務後，受益無窮的見證者、台灣省掌院同奮黃敏歸《教訊》299、300. p.16

前面兩排都是正宗靜坐第二十八期、二十九期結業同奮，為天人實學研究紮下深耕深根基礎《教訊》299、300. p.25

天人親和院副院長劉正炁教授在「天人實學」列車中，於台灣省掌院以「和子餘習」與大家親和宣講

九十八年度「天人實學」列車活動時程

場次	地點	日期／時間	宣講單位	題目	宣講人	模式	聯絡人
三月份							
天人合一	台北市掌院	三月十三日 晚上7：45 ~9：45	天人合一院	從定靜忘我、斬赤龍的經驗調查到科學實驗、人文精神的追求 －天人合一最新研究報告	黃緒我副院長	演講	林靜竅 02-29135079
天人親和	台灣省掌院	三月十七日 晚上8：20 ~9：40	天人親和院	認識自己 開創人生 －從批答聖訓談「和子餘習」	劉正炁副院長	演講	李靜莊 04-22442506
天人炁功	花蓮港掌院	三月二十一日 晚上8：00 ~9：30	天人炁功院	天人炁功親和要領	李光勁主任	演講	林敏壽 038-353579
四月份							
場次	地點	日期／時間	宣講單位	題目	宣講人	模式	聯絡人
天人合一	台灣省掌院	四月十四日 晚上8：20 ~9：40	天人合一院	由人體振動模型探討靜坐過程中可能發生之現象	謝緒投講師	演講	李靜莊 04-22442506
天人炁功	高雄市掌院	四月十九日 下午2：30 ~4：30	天人炁功院	EGG分析生物能和姿態回饋對腦α波之影響	劉緒私講師	演講	月鶴 07-3456956
天人親和	台北市掌院	四月二十四日 晚上7：45 ~9：45	天人親和院	天帝教之無形宇宙組織探討	張敏肅講師	演講	林靜竅 02-29135079
天人文化	花蓮港掌院	四月二十五日 晚上8：00 ~9：30	天人研究中心	從春劫淺探戊子年巡天節聖訓	施靜驕講師	演講	林敏壽 038-353579
五月份							
場次	地點	日期／時間	宣講單位	題目	宣講人	模式	聯絡人
天人文化	台北市掌院	五月一日 晚上7：45 ~9：45	天人研究學院	1、第三神論 2、宇宙境界 3、自然生命 生命自然 4，道學與我	周正尋講師 劉鏡仲講師 黃靜竆講師 顏大青講師	演講	林靜竅 02-29135079
天人親和	高雄市掌院	五月十五日 晚上8：00 ~9：30	天人親和院	五十五天閉關實驗量測	王光髓副院長	演講	月鶴 07-3456956

論文檔已放在天帝教網頁 - 資料中心 - 分類文件 / 經典 ·《教訊》301，P63.
http://tienti.info/datacenter/docs.php ，同奮可自行上網下載。（資料提供：天人研究總院）

封靈是什麼？就是《鍾呂傳道錄》裡面講的天仙、大羅金仙。地仙、神仙要得到上帝的認命，才能成為大羅金仙。所有的地仙、神仙都要等到九月九日黃榜公佈出來，看到自己努力奮鬥的成果，才能獲得上帝的封靈。

但是天帝教同奮只要好好救劫、救心，就會得到封靈了。尤其，我們要好好救自己，如果自己都救不好，怎麼去救人？

以上是維生所言，關於「地仙、神仙」涉及天帝教的神學，非我所專，不便闡述。惟我對於學術研討會論文能進而「大眾化」有些好奇，通常論文在學術會議發表後，大概就功德圓滿結束了，還能如何「利用」？

天帝教研究員梁靜換同奮，他認為論文充滿精彩生命力，如果只是小眾學者專家共襄盛舉，大眾仍緣慳一面，真是十分可惜。因此，天人研究總院把論文轉化成通俗口語，以平易近人的方式向大眾宣講，使更多人可以知道天帝教在做甚麼？此即「天人實學列車」的啟動，時程表如附印以供理解。

三、第八屆天人實學研討會暨巡迴列車

天帝教卽以中華文化為核心思想，其天人實學所研究者當以中國哲學思想為內涵。光照首席在九十八年十二月十二日的第八屆天人實學研討會，引師尊說「中國人早在漢朝即有先賢提出『天人之學』的說明，天指大宇宙、大自然。」（註五）但天帝教的天人之學除了立基中國傳統哲學，也似乎引用了現代的宇宙論，如光照首席在會中致詞說：（註六）

> 擴充解釋，「天」代表著無形宇宙，人代表著有形宇宙，無形宇宙和有形宇宙的關係，可以從宇宙三大定律（無形涵蓋有形、無形運化有形、無形創造有形）來了解。
>
> 「有形宇宙」與「無形宇宙」之間的學問，就是「天人之學」。天人之學無窮無盡，只靠後天的學識，從三度空間的宇宙，要探討多度空間的無形宇宙，將會有局限，唯有開啟靈覺，才能使得「形而上」和「形而下」交互組合。

光照首席也談到天人實學的四部份，以天人文化為首要，以後天哲學、科學理論為基礎，中國人幾千年來在思想上的最高境界就是天人合一。

天人合一如何才能得到？中華民族的先知、先覺前輩不斷努力，最後發現一個道理，須從「靜」中得到。只有在「靜」中，才能達到天人合一這種境界。

第八屆天人實學研討會中，兩篇論文有點玄，翁明珠「分析靜坐學員原靈」、王光驩「降低腦波干擾調靈調體」，我不太能理解。還有維生先生在閉幕式說的，《天人親和真經》就是用老子「道生一」、「一生二」、「二生三」、「三生萬物」觀念，我能理解接受。

天人實學這門學問，天帝教同奮除用學術研究深化之，更化成通俗語言，轉成「巡迴列車」，到處宣傳以普化之。二〇一〇年三月到台北掌院開坐談會、五月到花蓮港掌院，二〇一一年五、六月，大概全省走透透了。涵靜老人當初為何稱「同奮」？就是叫大家要奮鬥，這和孫中山的「和平、奮鬥、救中國」應是相互感應的。

四、第十屆天帝教天人實學研討會暨紀念涵靜老人

民國百年十一月廿五日起三天，「第十屆天帝教天人實學研討會暨紀念涵靜老人證

道十七週年」，在鐳力阿道場（南投縣魚池鄉）隆重舉行，計有精彩論文三十篇，本文摘略之。（註七）

光照首席提示：性命之學總體系

一個新興教派的思想總體系是怎樣「誕生」的？我很是好奇，它絕不會從天上掉下來，必有「人」的因緣存在。光照首席在致詞時講到這個天帝教的「源頭」，天人實學是涵靜老人於民國二十六年抗戰軍興時，歸隱西嶽華山大上方玉皇洞八年，看守西北門戶，一面長期為國祈禱抗戰勝利；一面致力讀書養氣，窮究天人奧秘，所建構的性命之學總體系。即大經《新境界》、大法《天帝教教綱》及大寶《宇宙應元妙法至寶》。

蕭靜曠：地球生物‧共存共榮

陽明山國家公園解說員蕭靜曠同奮，懇請大家敬畏自然，與自然親和，共存共榮。多數科學家認為地球上沒有人類，其他生物仍繼續發展。奧地利人類學家魯道夫‧史代納則認為，地球上無人，其他生物也會結束。但多年前我讀保育學家珍古德作品，她說：「人類的出現是進化論的錯誤」。到底會如何？真是不得而知。

翁鏡幾：天帝教的使命與目標管理

天人文化院研究員翁鏡幾，引管理學大師彼得杜拉克的目標管理定義說：「目標不是命運而是方向，不是命令而是承諾；目標不決定未來，但卻是重要工具，可以用來動員企業的資源與精氣神，可以創造未來！」

她說，天帝教的兩大使命，第一是化延世界核戰毀滅浩劫，第二是確保台灣復興基地。有了使命，成立教院和廣渡原人就是策略目標，進而將衍生戰術目標。

蕭靜曠同奮侃侃而談十大天人親和的自然之道
《教訊》333. p.15

施靜嚼：五心五意正運天心．化劫解厄進大同

天人文化院研究員施靜嚼的「五心五意」，讀起來像文天祥「正氣歌」，養天地正氣。她從「工夫論」觀點，論述《天人日誦大同真經》之義理，特別提出對治慾望之道

是「潔淨」與「節制」，五心五意是：

△靜心潔意：指清淨內心、潔淨意念的工夫。

△克心斂意：指克制內心、收斂意念的工夫。

△滌心正意：指洗滌內心、純正意念的工夫。

△定心凝意：指安定內心、凝聚意念的工夫。

△修心養意：指修煉內心、持養意念的工夫。

我並未深研天帝教教義和神論，本書也僅針對中華文化意涵之梳理。這「五心五意」和我年少所讀「學、庸、論、孟」上那些「定靜安濾得」應是相通的，中年後接觸佛學所言「萬法唯心」，乃至宋明理（道）學，都在叫人管好自己這顆「心」，看來這顆心不容易搞定。

張敏肅：從《天人醫案》談因果、業力

《天人醫案》這部書我沒看，但看張敏肅的文章，

施靜嚼同奮

翁鏡幾同奮的論述十分用心與精彩，但維生先生認為宗教是服務眾生，以管理學數據化，似宜再考量。《教訊》333. p.19

這是前世今生各種業力連接產生的實例，如前世殺業太重導至今世得肺癌，前世毀人名節導至今世精神官能症，凡此今世種種，都和業力有關，因果跑不掉。故佛教常言「萬般帶不走，只有業相隨」。

因果、業力等思想是佛教重要理論，天帝教同奮也可以接受佛教觀點，且佛教經典也視同天帝教經典。《教訊》333 期另一篇黎光蜕中醫師也談《天人醫案》，該書未讀，不便多言。

維生先生，十年宏願・神州弘開・天帝眞道

我讀多期《教訊》，深感維生先生是一個「天命感」很重，很清楚自己天命，更清楚天帝教天命的人。以下是他在閉幕式所說：

天命，每個人都有自己的天命，不只在首席身上、總統身上，是在每個同奮自己身上：我自己領的天命，找正在了這個天命。因為，我所有的工作目標都在大陸。。。十年後，也就是二〇二〇年，期盼師尊的精神與思想能在大陸滿地開花，這是我的目標：

「三民主義統一中國」的思想，國民黨已經丟掉了，現在大陸正熱切研究三民主義；三民主義是中國人唯一希望與目標，我們自己卻不要了，真讓人慚愧。

簡單幾句話，可以知道天帝教的天命，不僅在救全人類。其近期目標是先救中國、救兩岸的和平統一。

五、第十一屆天帝教天人實學研討會及董仲舒談「天」

二〇一二年十一月十六日起三天，第十一屆天帝教天人實學研討會暨涵靜老人證道十八週年紀念，在鐳力阿道場隆重舉行，有百餘位學人、同奮參與，並提出廿九篇論文。（註八）光照首席致詞時，先就講到「天人之學」最早由漢朝先賢董仲舒提出。所謂「天」是指大宇宙、大空間、大自然。（註九）此處針對董仲舒的天人之學，引介並略說之。

董仲舒的思想接近荀子，而與孟子不同。吾人觀班固之言：「董仲舒治春秋公羊，始推陰陽，為儒者宗。」（註一〇）在我國思想、文化史上，董仲舒首將儒家和陰陽家合流，董子說：

> 春秋之法，以人隨君，以君隨天…故屈民而伸君，屈君以伸天，春秋之大義也（春秋繁露第二篇玉杯）。
>
> 且天之生民，非為王也。而天立王，以為民也。故其德足以安樂民者，天予

之，其惡足以賊害民者，天奪之（春秋繁露第廿五篇）

天若不予是家者，是家安得立為天子。立為天子者，天予是家。天使是家者，天使是家。天使是家者是天之所予也，天之所使也。天已予之，天已使之，其間不可以接天……以此觀之，不祭天者乃不可祭小神也（同上第六十九篇郊祀）。

董子知「民為貴」之義，「天」的地位高於人主，可以對專制之權產生「制衡」作用，減少君主專制之弊。故董子常說「王者不可以不知天」（同上第八十篇如天之為），天命無常，天可以予奪人主之國祚，所謂「天立王，以為民也」，身為王者，當為民謀福利而已。

在天人關係上，董子說「天人一也」（同上第四十九篇陰陽義），即「天人之際，合而為一，同而順理，動而相益，順而相受」（同上第三十五篇深察名號）。此種理論吾人稱天人感應說，天帝教同奮之能用祈禱，與　天帝　上帝交流，進而化劫，想必可以溯源到我國漢代的董仲舒思想。天人卽能感應，則當如之何：

臣謹案春秋之中，視前世已行之事，以觀天人相與之際，甚可畏也。國家將

今年為師尊證道18週年紀念，天人文化院院長高光際樞機（中）率領同奮朝謁黃庭，緬懷師尊、師母。《教訊》345. p.67

來個嘉義的同奮，右起：嘉義初院參教長光內、管理中心執事大企、香晉、奮艸，以及嘉義初院贊教長緒裁，遠從嘉義騎自行車與會，精神可嘉外，更落實節能減碳，令人激賞。

「第11屆天帝教天人實學研討會」由天人文化院主辦，「全方位」執掌任務的天人文化院秘書林鏡適，與她另一半施正綱同奮引領三名子女協辦，五人表現相當可圈可點。

有失道之敗，而天乃先出災害以譴告之，不知自省。又出怪異以驚懼之，尚不知變，而傷敗乃至。以此見天心之仁愛人君，而欲止其亂也。自非大亡道之世者，天盡欲扶持而全安之，事在彊勉而已矣（漢書卷五十六董仲舒傳）。

董仲舒少治春秋，就學派言屬儒家，而天人感應說又接近陰陽家，其「天人合一、天人感應」對中國歷代思想家，都有很大的影響。包含涵靜老人早年思想，乃至天帝教多年來最夯的「天人實學」，都和董仲舒思想有直接脈絡可循，只是這部份我目前未見天帝教同奮有深入研究者。

董仲舒思想另一個和天帝教有關者，是「春秋大一統」之義，董子亦有論述。促成中國的和平統一，使中國再成大一統局面，是天帝教最重要的人間使命，這個使命可以上推到董仲舒，乃至先秦，天帝教同奮亦尚無系統研究者，天人實學尚有很多可開發的空間。

註釋：

註 一：《教訊》第174期，一九九八年八月，頁四一。

註 二：《教訊》第287.288合刊期，二〇〇八年二、三月，頁三〇—三一。

註 三：同註二，頁三三—三四。

註 四：《教訊》第299.300合刊期，二〇〇九年二、三月，頁二〇—二九。

註 五：《教訊》第310期，二〇一〇年元月，頁一五。

註 六：同註五，頁一五—一六。

註 七：引用各篇論文，均見《教訊》第333期，頁九—四三。

註 八：相關報導可見《教訊》第345期，頁六四—八一。

註 九：同註八，頁六五。

註一〇：薩孟武，《中國政治思想史》，三民書局，民國七十六年三月，頁二〇三。本文引董仲舒之言，均在本書第二篇第五節。

第五章　保台護國・和平統一法會

金囍嘉禧的神仙美眷們與光照首席、敏堅樞機（第 1 排第 8、9 位置）大合照，留下珍貴歷史畫面。

一、天帝教的「保台護國和平統一法會」

像我這個出身黃埔的職業軍人，這一輩子也都幹著「神聖的使命」，如果用八個字形容，大概可以是「保台護國、統一中國」，即確保台灣復興基地和中華民國，並相機反攻大陸，完成統一中國的春秋大業。這是像我這種「老軍人」，直到蔣經國時代還能堅持的信念。

到了李登輝、陳水扁執政，操弄台獨議題，企圖撕裂兩岸中國人的情感，割斷兩岸中華民族的血緣關係，這漢奸心態很可怕，造成島內族群分裂、對立就是「惡果」之一。還有更可怕的惡果，給陳水扁、李登輝和那一幫台獨份子惡整二十幾年後，如今無人敢在「光天化日」下，公開、大方、大聲的說「我是中國人」「我是炎黃子孫」「一個中國」「和平統一」這樣的話。

天啊！說這樣的話，本是真理、真誠、驕傲的，是正當的，應該的，如同孝順父母那樣自然、合乎人的本性，本應如此，有何不能說？為何不敢說？怕說出來了，身邊正有一個「深綠」的，他馬上叫一群同黨過來給你丟石頭？或說出來了，朋友立刻變仇人，同志成敵人……一切都有可能，太可怕了，台灣為何變成這個樣子，名實相符的「不適人居」的地方？

照理說，台灣各政治團體中，統派（如國民黨等）應該大聲並理直氣壯的告訴人民，「我們是中國人」這樣的話，奈何連統派也縮頭了，整個島上的人處於不知道「我是誰？」狀態中，天底下悲哀之事，真是莫此為甚了！

當天下一片黑暗，突然看到一枝燭光，那便是希望，也那是「珍奇」；當社會眾人都沉淪了，突見有一人尚知禮義廉恥，他便是「寶」、是神奇、是希望的力量、是救星。

幾年前我翻著天帝教《教訊》，各期大談「保台方案」「和平統一」「兩岸都是中國人」，更不可思議的，透過宗教法會形式辦理「和平統一法會」，我大惑不解，這些事與「神」何干？與宗教何干？

首任首席使者：上帝於中土華山清平樓召開「保台方案會報」。御示：華山與鐳力阿道場道脈一貫，保台救劫，雙運雙行。加錫保台方案司職神媒鐳光六道，助長靈威，加強運化。（九十二年元月廿八日。壬午年十二月廿六日子時）

御使十方清平皇君大總監：先天天帝教復興於台灣寶島，直接負起兩大時代使命，而有金闕保台方案之成立，總司運化：兩岸關係已有良性發展。（九十二年元月廿八日。

壬午年十二月廿六日子時）

延平郡王：吾與兩岸之淵源深厚，受命為台灣境主，肩負台灣地區人民安危之責，期望兩岸早日捐棄成見，和平共存。

這是天帝教首任首席使者李極初和二位神祇的「天上叮嚀話」，刊佈在《教訊》第二三一期。而正式的「長期祈禱保台護國和平統一法會」，則是天帝教本師世尊駐世時，於民國八十一年七月一日啟建開始，且要同奮持續下去，直到海峽兩岸達成真正和平統一，方告圓滿。這時的回向文如是：（註一）

至真至誠

中共認清潮流時代環境　毅然放手乾坤一擲
中共承認現實中華民國　宣佈對台不用武力
中共放棄共黨一黨專政　決心接受三民主義
形成一個中國一個主義　兩岸真正和平統一

任何人看這內容，絕不相信是一個宗教的宣言，然而，確實這是天帝教的「迴向文」，

不得不叫人發自內心的感動和敬佩。迴向文到了第二任首席使者維生先生有修訂，民國八十八年五月十九日修訂擷錄：（註二）

至真至誠

兩岸認清潮流時代環境　毅然放手乾坤一擲
中共尊重現實中華民國　誠信協議台海和平
兩岸復興中華民族文化　決心實行民主體制
形成一個自由民主中國　兩岸真正和平統一

新版顯然比舊版更客觀、中立、中性，這是為配合時局轉變的需要，可見天帝教對兩岸與國際政治也很內行。「長期祈禱保台護國和平統一法會」雖自八十一年開始，但更早已有一些淵源。

民國七十七年元月十三日蔣經國總統逝世，次日到四月廿二日啟動「保台護國法會」一百日，哀

長期保台護國法會，要到海峽兩岸真正和平統一，方告圓滿。

求 天帝慈悲護祐：「避免台灣地區遭遇緊急事變社會動亂流血…」。

民國七十七年五月二十日，台北發生「農民運動」，造成流血衝突事件。六月一日到九月二十日開啟「第二期保台護國法會」，祈禱復興基地安定繁榮，本師世尊（涵靜老人）亦閉關靜修百日，以應天心。

民國七十八年縣市長和民代選舉，七十九年總統大選，涵靜老人認為是危險年，乃啟動「第三期保台護國法會」，由宗教力量來確保社會安定。又因大陸發生天安門事件及東歐共產世界巨變，法會延長一年，到八十年六月三十日止，再因兩岸緊張延長八十一年六月三十日止。

民國八十一年七月一日，啟建「長期祈禱保台護國和平統一法會」，長期持續舉行，直到海峽兩岸達成真正和平統一，方告圓滿。

二、「破劫保台百日法會」：破內劫保兩岸積極交流

天帝教第三任首席使者童光照先生，於民國九十六年（二〇〇七）年三月四日接任時，他說恭讀「本師世尊囑咐全教同奮書節錄文」：「尤以第二時代使命確保台灣復興基地，攸關救劫弘教前途至大，復興基地不保，遑論宏揚 天帝教化，搶救三期末劫。」

內心非常難過、惶恐。（註三）

光照首席為何難過、惶恐？原來他目睹當時台灣政局面臨的困境，從往昔的亞洲四小龍之首，卻在那時淪為四小龍之尾，經濟不斷往下衰退，最後連菲律賓、越南都會追過台灣，到那時候台灣同胞只有去做外勞或去跳海一途了！

「台灣同胞只有去做外勞或去跳海一途」！這是多麼可怕的「預測」（不是預言）！光照首席是在危言聳聽嗎？不會。連菲律賓、越南都要追過台灣嗎？若台灣還要搞台獨，其實不出幾年，台灣就會淪為連越南都不如的「第三世界」。

能夠看到這個問題，證明天帝教同奮是一群先知先覺者。大家如果腦筋清楚，應該清楚明白知道禍首就是

國旗、教旗迎風飄揚，氣勢非凡

「台獨」，因為台獨要「去中國化」（也去除中華文化），要割裂和大陸的任何關係必然造成「鎖國」，台灣內部也會出現族群對立。給李登輝、陳水扁如此惡整二十多年，台灣同胞只好去跳海，陳水扁就說過「太平洋沒有蓋子，不爽的人就去跳」，身為國家領導人這麼說，台灣真是沒救了。陳水扁若沒有在天牢關一輩子，這世界還有正義嗎？兩蔣時代創造的「台灣錢淹腳目」、「亞洲四小龍之首」，硬生生的給李登輝、陳水扁、游錫堃及一群台獨份子搞垮了，劫難啊！劫難！

天帝教以「救劫」為使命，尤其光照首席承接大位的二〇〇七年三月，陳水扁「偽政權」已在困獸之鬥。（註四）各種陳水扁家族貪污案逐一見光，獨派認為統派駕禍，因而島內動亂升高。加上不久就要「〇八年總統大選」，若要「救劫」，就必須終結貪污腐敗的「偽政權」。

終於，光照首席在九十六年（二〇〇七年）十二月，啟動「破劫保台百日法會」，百日法會期間含蓋立法委員和總統大選，主要的法會迴向文如下：

破行劫　保台灣　化危機為轉機
選賢能　舉廉潔　順應天心民意

護家園　祐子孫　振興國計民生

看這「迴向文」意涵，簡直是　天帝判魔鬼的「死刑咒語」，台獨陣營最欠缺的正是「廉潔、天心」。果然，天帝教同奮以行動響應「破劫保台百日法會」，他們以誦誥感動　天帝，許多同奮說在法會中，感受到師尊早期萬事莫如救劫急加強誦誥的情況。

經由天帝教同奮們發揮誦誥正氣力量，天地有正氣，終結台灣的劫難，改變了氣運、國運。這是「百日法會」感動　上帝的力量，也是天地正氣產生的力量，宇宙間終究是「邪不勝正」，台獨儘管有極可怕的破壞力、迷惑力，仍只是一種「邪魔歪道」，是中國歷史偶然出現的「異形」，不可能「活」的太久。

終結了邪魔歪道後，《教訊》上記錄著，在新總統下，達到法會「迴向文」的目標，則台灣有幸！人民有福！民國九十七年五月二十日馬英九總統上任以來，兩岸關係緩和，從直航、三通、文化交流、經濟交流…尤其最近簽訂「兩岸經濟合作框架協議」(ECFA）後，兩岸關係的緩和深獲各國肯定。（註五）

三、「啓道保台選舉順利百日祈禱」法會活動

按我個人的研究理解，全世界所有各大小宗教中，天帝教是唯一以政治議題、目標（如中國統一、國際和平、化延核戰毀滅等），做為其宗教使命。在我這「外人」看來，這是一種最積極「入世」與務實的使命。

但仍有不少疑惑者，天帝教少不了要運用自己的刊物對外多做解釋。在《教訊》第三二五期，有天人親和院副院長呂光證同奮為各界釋疑，「天帝教的時代使命是甚麼？終極理想是甚麼？」（註六）且聽他說法。

天帝教所面對的時代，是人類即將毀滅的時代，尤以核戰浩劫最為嚴重，一旦爆發，一切理想均無從追求起，故天帝教復興之初即提出「化延核戰毀滅浩劫」，及「確保台灣復興基地，完成三民主義統一中國」為兩大時代使命。

前者是針對一九八〇年代美國、蘇聯兩大核武強權的戰爭危機而祈禱，必須到地球上沒有一顆核子武器時，才算使命圓滿。

後者是針對兩岸戰爭危機而祈禱，唯有兩岸中國人和平共處，共謀發展文化與經濟，才能將中國傳統的王道文化在地球上推行，興滅國，繼絕世，促進地球村的共榮世。

天帝教有境界更高的終極理想，呂光證說明，一方面探索有形宇宙無量數的其他星球文明，一方面溝通無形宇宙各種精神生命的智慧神通，逐漸走向「聖凡平等」、「天人大同」的境界。

所謂「終極理想」，當然是很久很久以後的事，乃至可能是百年、千年後的事，我不碰觸。我比較關心當前的問題，時代也分各階段。例如為避免蔣經國逝世造成的動亂而辦的法會，是配合那時代的須要；為終結獨派政權啟動「破劫保台百日法會」，也是為因應那個「劫數」的須要。

時序走到了二〇一一年，民國百年，九月二十四日光照首席在天極行宮主持弘教會議，訂定明年一〇一年天帝教弘教主題為「中華一〇一・天命・信心・奮鬥」。光照首度一再闡揚天帝教的天命，話鋒一轉講起了「中國近代史」，中華民族是歷盡苦難的民族，百年前國父孫中山先生為推翻滿清政府，帶領中國走向自由民主，最終成功於第十一次辛亥革命，迄今百年。中華民族仍是歷盡苦難，先後有中日抗戰、二戰、國共內戰、政府遷台，大陸則發生驚天動地的文化大革命等。凡此，都已是歷史，但從天帝教角度言，都是三期末劫使然。

最後光照首席強調，明年一〇一年元月十四日中華民國舉行第十三任總統、副總統暨第八屆立法委員選舉，攸關本教保台護國使命，茲事體大。因此，十月十二日起天帝教有一個新的「迴向文」，「啟道保台選舉順利百日祈禱」加強誦誥，希全教同奮一體遵循，迴向文：

一心一意　我今祈禱
外求安全　內保安定
全民覺醒　理性和諧　啟道保台
選賢舉廉　順天和人　永固民主
振興民計　護國衛家　再創奇蹟
心心願願祈禱　天人合力　天清地寧

此項活動事前亦先獲「首席督統鐳力前鋒」核備，人間發起「啟道保台選舉順利百日祈禱」加強誦誥乙案，指示：全教同奮早早晚晚祈祝：趨向本教第二時代使命，迎啟兩岸真正和平統一，開創廿一世紀中華民族盛世。除原有「帝教時代使命迴向文」、「保台護國和平統一迴向文」外，第三迴向文係採「啟道保台選舉順利百日祈禱迴向文」，

餘則悉依人間道務規定施行。（百年九月廿一日　辛卯年八月廿四日午時）（註七）

在《教訊》第三三二期，尚有中書室整理的一筆文章說明光照首席啟動這個祈禱的用意。（註八）這次百日加強誦誥活動的意義，是希望全教發揮精誠誦誥念力，配合無形運化，讓台灣同胞從心覺醒，理性和諧。

光照首席回憶，四年前剛接任第三任首席使者，正逢總統、副總統、立委選舉，那時台灣正在往下沉淪，內心非常沉重。尤其恭讀「本師世尊囑附全教同奮

光照首席致詞恭賀臺中縣初院20週年慶。《教訊》322. p36

書」，「尤以第二時代使命『確保台灣復興基地』攸關救劫弘教前途至大，復興基地不保，遑論弘揚天帝教化，搶救三期末劫！」更是感慨良深。幸好天帝教有救劫的法寶「兩誥」，只要同奮虔誠誦誥，感動 上帝，必能扭轉乾坤，所以四年前啟動「破劫保台百日法會」，終使台灣選出順天心民心的總統，也慢慢恢復「亞洲四小龍之首」的榮景。

「啟道保台」經天帝教同奮發揮精誠念力，據光照首席欣慰表示，全教誦誥數至年底（百年）預估有五億九千萬聲，此乃「驚天地、泣鬼神」的無形力量。其結果，是二○一二年元月的總統大選，至少選出合乎迴向文「順天和人」「振興民計」的總統，其後兩岸積極交流、貨幣互通，天帝教的第二時代使命「兩岸和平統一」，筆者預測在未來十餘年必將達成，此亦是是天帝教救劫弘教目標之完成。

四、「保台護國和平統一法會」說明白講清楚，為什麼？

本章講的是天帝教的法會，所謂「法會」，必然是一種宗教性活動，差別的是各宗教的法會內涵儀軌不同，內涵內容也通常不離教義。但天帝教的這個法會，從頭到尾的核心本旨不離「保台護國、和平統一」，乃至「三民主義統一中國」。為甚麼？天帝教是一個政黨嗎？

光照首席（右二）、敏堅樞機（右一）、蔡副市長（右三）等共同舉杯，邀約大家「喝喜酒」！

臺中市政府副市長蔡炳坤（站立者）特地前來致慶，祝福新人永浴愛河。

喜宴儘管是素桌，還是熱鬧無比、喜氣洋洋，喜酒處處飄香！

《教訊》332.P.61.

若是身為一個天帝教同奮，他理應沒有這些疑惑，但相信不少「外人」仍有不少存疑，它含我在內。已是廿一世紀過十年代了，天帝教「敢」大刺刺高談「統一」「三民主義統一中國」，怎沒有獨派人士糾眾來丟雞蛋、抗議？我亦甚為不解，只能說天帝教藉神（上帝）發言，中國人（其實那些台獨份子都是）怕神鬼，不敢來「遭惹」吧！

天帝教以一個宗教團體用辦「法會」的儀軌，想要完成他們的時代使命（保台護國、和平統一），其最高層次的用意和「企圖」何在？我始終在各期《教訊》找這個答案，希望能

有朋自遠方來，不亦樂乎！天然堂主事簡光象（前排左 3）盛情歡迎「鐵道之旅」的貴賓同奮們《教訊》333. p.81.

弄清楚說明，回答許多「外人」的為甚麼！《教訊》第三三四期呂光證「保台護國　仁者無敵」一文，可以提供答案，以下略說要義。（註九）

「保台護國」是天帝教當今最迫切的時代使命，也是天帝教復興創教人涵靜老人未竟的第三天命。

但「時代在變、潮流在變」，總不能把涵靜老人的教誨當成不變的教條，應順應時代需要，發展合乎人心的解釋，真正解決兩岸問題，才能被天帝教同會和世人普遍接受。

涵靜老人的「保台護國」可從兩方面詮釋，無形方面有二：一是「以鐳炁真身運化世局」，一是「爭取保台方案提報至金闕、無生聖宮通過」。有形方面有三：一者「分別針對兩岸領導人致函二封公開信」、再者「舉辦四期保台護國法會」，三者「追薦二二八亡靈化解台灣冤孽怨氣」。

涵靜老人為何要爭取保台方案位列金闕、無生聖宮？（註一〇）最重要的原因便是要提高保台方案在無形天界的位階，用人間法律來比喻，就是提高它的法律效力。這是呂光證的詮釋，用我的語言來說，是使「台保護國和平統一」這項人間使命，在「神界」有最高的「憲法地位」，即是神界有憲法地位，則成人神的共同且恆久不可變的使命，人神只有遵守「憲法規定」完成使命，凡不遵守即「違憲」，違反天道人心也。

再用政治術語詮釋之，「保台護國和平統一」位列金闕、無生聖宮，並用宗教法會方式宣示之，就是要建立這個方案的合法性（Legitimacy）基礎。（註一一）合法性者，乃是存在於社群中有意識的與無意識之默認信守之「天經地義」，這是一種最有效統治的必要基礎。合法性可以基於一種宗教信仰之系統（如歐洲中古君權神授說、中國承命於天說），中國歷史上的法統、道統、大一統之「春秋正義」說，均屬此類性質。

當保台方案列為天人兩界的「列管方案」，則諸天神媒都要一體護持，使命必達。民國七十二年天極行宮玉靈殿開光， 天帝遴選中山真人、中正真人為玉靈殿正、副殿主，並交付三大任務，明顯已是保台方案的具體措施，可視為保台方案最早的起源。

「保台護國」是「和平統一」的前導，有先後秩序。「保台」是先保復興基地台灣，「護國」是護中華民國，「和平統一」是以三民主義統一中國。此並非空話，按民國八十年二月十五日，涵靜老人致函鄧小平先生第一封信，先從自己立場談起，接著指出九〇年代「和平統一是天意所歸」。

如何和平統一呢？涵靜老人強調台灣實驗三民主義，大陸實驗共產主義，兩地同時起步，四十年來事實勝於雄辯，結果大陸宣佈改走「中國特色的社會主義」，其實就是三民主義。是故，兩邊政府應協商統一，重新制憲，重立國號，共建自由民主富裕的中國。

為完成這個人間使命，天帝教的保台護國已改「長期保台護國和平統一法會」，直到兩岸真正和平統一，天帝教的中華民國主院搬回大陸為止。

註釋：

註一：《教訊》第293期，二〇〇八年八月，頁二三。

註二：同註一，頁二三—二四。

註三：全文可詳見《教訊》第321.322合刊本，二〇一〇年十二月、二〇一一年元月，頁六—二二。

註四：中國歷史上任何政權的「正、偽」，按孔子春秋大義之標準判定，凡違反中華文化者即失民心，故稱「偽政權」。例如毛澤東倡馬列主義就要「去中國化」，當時我們也稱他「偽政權」。今日島內的台獨思想亦然，因違反中華文化、背離春秋大義，「去中國化」也等於背叛列祖列宗，故台灣若由獨派執政均稱其「偽政權」。

註五：同註三，頁一六。

註六：《教訊》第325期，二〇一一年四月，頁一〇三。

註　七：光照首席弘教會議致詞全文，詳見《教訊》第331期，頁四二—四五。

註　八：《教訊》第332期，二〇一一年十一月，頁五—七。

註　九：呂光證，「保台護國仁者無敵」，《教訊》第334期，二〇一二年元，頁七二—七九。

註一〇：關於「金闕」、「無生聖宮」之論述，涉及天帝教的神學觀，非本書談論範圍。欲知其詳，可參閱天帝教歷年出版的《天帝教答客問》等書。

註一一：合法性，見《雲五社會科學大辭典，第三冊、政治學》（台北：商務印書館，七十八年元月，第八版），頁一〇七。

第六章 中山真人、中正真人與三民主義

兩岸專家學人們會集於香山寶地，為中華百姓找出一條康莊大道。圖為開幕式場景。攝影／劉大彬。《教訊》275. p.15

一、關於天帝教中的 國父 蔣公問題回答

我閱讀天帝教《教訊》月刊（約一七四期後大部份），其內容除教義闡揚、法會慈善等活動以外，有關中華文化、兩岸交流，促成天帝教時代使命（兩岸統一）完成等文章，可能佔有一半篇幅。而這一半篇幅中，有關中山真人（孫中山先生）、中正真人（蔣中正先生）和三民主義宏揚，也大概有三分之一篇幅。

是故，打開我手上每一本《教訊》，必定有相當篇幅內容和 國父孫中山先生、先總統 蔣公有關，以及論述二位先賢的思想代表「三民主義」，並總結應以「三民主義統一中國」，這真是太神奇了！自從這二十年來，台獨份子把「國父、蔣公、三民主義」打成「牛鬼蛇神」，如此這般惡整二十年（李登輝、陳水扁是禍首）。現在台灣人都以為孫中山是「老外」，蔣公又是誰？三民主義已是一雙被丟棄的「破鞋」。

天帝教把「孫中山、蔣公、三民主義」當成「三寶」，如同佛教尊敬佛、法、僧為「三寶」一般，卻是不思議，許多「外人」確實存疑，首先讀幾題《天帝教答客問》，初步理解問題。（註一）

問：貴教之天極行宮大同堂，為何懸掛巨幅之　國父及先總統蔣公畫家？此乃宗教聖地而非一般政府機關單位，這種現象絕無僅有，何故？

答：孫、蔣二公在天已修煉成神，迨本教天極行宮建成啟用，　國父孫公暨先總統蔣公即被　天帝封為中山真人、中正真人，並遴派為天極行宮玉靈殿正副殿主。因本教各教院光殿，從不設立神位及神像，遂將二公畫像懸掛於大同堂。大同堂乃本教精神訓練之重要場所，能朝夕瞻仰二公，必常感精神同在，益勵奮鬥之志氣。

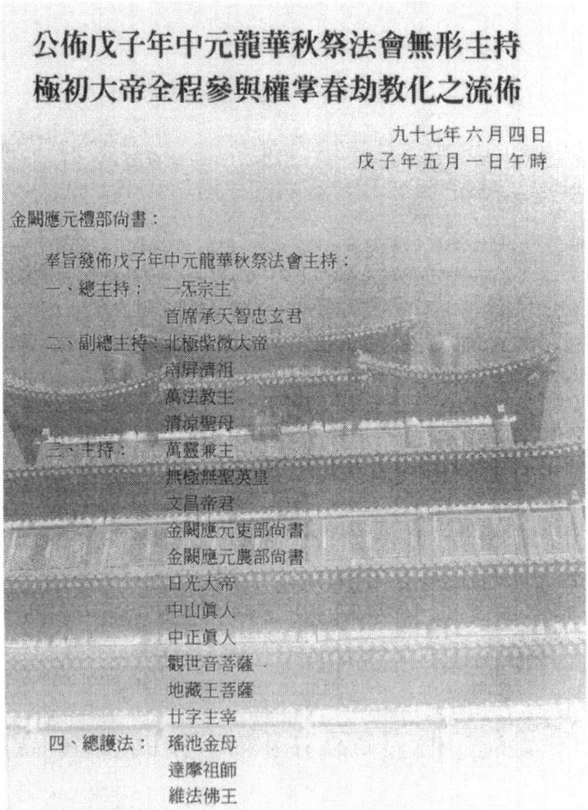
公佈戊子年中元龍華秋祭法會無形主持
極初大帝全程參與權掌春劫教化之流佈

九十七年 六月四日
戊子年五月一日午時

金闕應元禮部尚書：

奉旨發佈戊子年中元龍華秋祭法會主持：

一、總主持：一炁宗主
首席承天智忠玄君

二、副總主持：北極紫微大帝
南屏濟祖
萬法教主
清涼聖母

三、主持：萬靈兼主
無極無聖英皇
文昌帝君
金闕應元吏部尚書
金闕應元農部尚書
日光大帝
中山眞人
中正眞人
觀世音菩薩
地藏王菩薩
廿字主宰

四、總護法：瑤池金母
達摩祖師
維法佛王

帝教總殿總主持極初大帝全程參與，調燮運化，權掌春劫教化教佈，應感無量。《教訊》292. p.47.

問：就貴教所見，上帝何以敕封　孫蔣二公為中山真人、中正真人、並繼派為玉靈殿正副殿主？

答：孫、蔣二公，皆係革命救國大業未竟全程，賫志而崩，其在天之靈定必耿耿於衷，冀圖克遂夙願。尤以現在世界問題嚴重，且世界問題重心在亞洲，亞洲問題重心在中國，中國問題不得解決，世界即無太平，而解決中國問題，必須實行三民主義。　國父是三民主義創始者，先總統　蔣公是實行者，此情諒邀　上帝洞察，故先使之修煉成神，封為真人，然後委之以正副殿主，長期駐節，俯瞰大陸，遙控神州，統率靈界革命先烈，忠勇將士英靈，長期執行三項特定任務，一曰：結合無形有形力量，強固台澎金馬；二曰：策動大陸人心歸向，導發反共革命；三曰：迫使中共褫魂奪魄，放棄共產主義，接受以三民主義統一中國之全民心聲。事實上，形勢的發展，也已隱隱向此目標推進中。

求同存異求同容異
建立兩岸和平共識
第二屆孫中山思想研討會
《教訊》290. P.20.

與會學者和同奮大合照，前排右四為維生先生，前排右五為馮滬祥教授。

問：從天極行宮之「特定任務」，以及貴教祈禱詞之「青天白日放光明」等，可知貴教之愛國情操，但也因此被某些人士認為極具政治色彩，譏稱「國民黨外圍宗教」，貴教將何以釋？

答：宗教徒無一莫非國民，國民愛國是其本分。宗教徒不僅不可自外於國人，抑且應本宗教家精神更愛其國，此所以本教首席使者，一再諄諄呼籲，不可作「自了漢」，不可自求福報。要救劫救世，就該首愛其國，以實際的行動，響應政府的號召，擁護政府的決策，支持政府的作為。國民應如是，宗教徒更應愛自己的國家。天帝教將來傳到世界任何一個國家，所有教徒就應該愛其自己的國家，這是天經地義的道理。何況宗教絕非政黨，總不致因為玉靈殿正副殿主是國民黨之先總理與先總裁，而這個政府是國民黨執政的政府，就把本教說成是國民黨外圍宗教，說者若非別有用心，便是明顯的誤解。本教為救劫救世而復興，是國際性的宗教，倒沒有聽說本教是聯合國外圍宗教！本教是「以宇宙為家」，要真的說本教是「宇宙的宗教」，也就對了。

以上是天帝教對最敏感的三個問題之簡答，所謂「特定任務」或「三項特定任務」，即天帝教同奮都知道的「天極行宮三大特定任務。」（註二）未知以上回答，讀者是否滿意。但就我而言，我出身黃埔軍校，本來就是 國父 蔣公的子弟兵，軍校生習稱 蔣公為「老校長」，他二公修煉成神，我當然與有榮焉。如今二公又任天帝教天極行宮玉靈殿正副殿主，另總護法是玉靈真人。由二公執行的「三大任務」，本質上就是兩蔣時代的「反攻大陸政策」，現在繼續用神力（無形、精神、文化）去完成。

反攻大陸政策從另一角度看，就是中國統一大業之政策，與此類似者，在我國歷史上還有「孔明北伐政策」和「鄭成功北伐政策」。三者在主事者有生之年均未完成，而在不久的未來中國又回歸統一，孔、鄭、蔣三人，有形的大業未成，無形的信念是成功的，中國文化珍貴處在此。

二、三民主義是中華民族的最終選擇：孫文論壇

說「三民主義是中華民族的最終選擇」，在大陸可能相信的人會愈來愈多，因為「中國特色的社會主義」就是三民主義，大陸朋友在當前環境中明明知道而不好說。但涵靜老人早說過這樣的話，三民主義的思想內涵（孫文思想）是兩岸有共識、可接受的。再者，三民主義的核心價值在中華文化，而天帝教的核心思想也是中華文化。是故，天帝教復興創教者涵靜老人，認定「唯有三民主義是中華民族的最終選擇」，以此為天命，

並以全教之力，透過有形無形之努力，推動完成「三民主義統一中國」之大目標、大使命。

但若在現在的台灣，說「三民主義是中華民族的最終選擇」，除天帝教同奮外，我敢說是沒人相信的。獨派陣營利用政治操弄、抹黑的劣等手段，把三民主義的形像搞成一雙「破鞋」；就是統派陣營曾經把三民主義當成聖經，如今也失去信心，而視三民主義為一雙過時的「舊鞋」，國民黨有實踐三民主義的「天命」，現在連黨主席馬英九也避三民主義惟恐不及。可見三民主義在台灣已是孤兒、棄兒，可惜啊！可惜，人間至寶在台灣成了沒人要的孤兒、棄兒，情何以堪！尤其被自己的「親生父母」遺棄了，那痛，有誰知道？

台灣畢竟還有「視貨」者，天帝教的本師世尊涵靜老人李玉階老先生，認定唯有三民主義是中華民族的最終選擇，是讓人類浩劫化解於無形、甚而寰宇清平的最佳選擇。當我們真正用心理解三民主義，會發現他與中華文化同承一脈，進而可以促進全人類幸福的一種思想、一種信仰、一種力量。

在孫中山先生誕辰一百四十週年紀念前夕，第一屆「孫文論壇」舉辦，開幕式的同時，維生首席向創教人涵靜老人、也是他的父親跪禱：「師尊，我們走出第一步了。」天帝教兩大時代使命是喚起中華民族魂的黃里長城，孫文論壇所有與會的有志之士如同先行者，已經建構起第一座城牆，論壇會一直辦下去。相信中山先生振興中華、再造和平新中國的遺願實現那一天，也就是涵靜老人臨終前念念不忘「中華一家」目標完成之一刻。

二〇〇六年（民國九十五年）十一月九日到十一日，第一屆「孫文論壇」在大陸北京香山飯店舉辦學術研討會。（註三）香山，一個風水寶地、三山五源的起點。孫中山先生紀念堂及衣冠塚座落在其中的碧雲寺內，兩個圖文展示館及影片播放，讓我們找回歷史，牆上文字記述著：

> 這裡，全世界炎黃子孫大多曾來拜謁，卻不再是祈禱個人的幸福：他

學者團與觀察團至孫中山先生紀念堂謁靈並合影，有追思、有歡喜、有期許，感懷萬千（45）。攝影／劉大彬。《教訊》275. p.17

的偉大，隨著時光的消融而日現光華；他的靈魂，隨著日月的升落，而喚醒更多的覺醒。他，就是偉大的愛國者和革命先行者孫中山先生……振興中華，造成一個新的中國，他為之畢其一生，積勞成疾…為著祖國的和平統一和富強，奔走呼號，直至生命最後一息。…中國共產黨第十五次全國代表大會稱頌他是「中國百年巨變的第一個偉人」。

趙玲玲教授與天帝教同奮參與這個兩天三夜的學術會議之同時，也帶著感念、歡喜的心情來謁聖者，見證天帝教兩大天命的初啼。

「孫文論壇」有機會開展，源於民國八十年天帝教本師世尊涵靜老人支

光照輔教代表贈涵靜老人墨寶予大陸學者代表林毅夫教授（右），期望早日大地回春。攝影／劉大彬

持下，由趙玲玲博士以孫文學術思想研究交流基金會策劃推動的「孫逸仙思想與廿一世紀學術研討會」，在海峽兩岸三地計畫下召開。涵靜老人上表於歸證無形的中山真人，蒙中山真人就該次研討會的目的及未來努力方向指示，**「文化、宗教、學術、經貿的互利、互惠交流上」，「就中國人共同之意願與利益，完成天意人願之中國統一大業」**。

第一屆孫文論壇終於召開了，共有四十三篇論文發表，專家學者除天帝教同奮外，有兩岸三地及海外共百餘人參與。內容不及細說，僅將人名、主題條例於後。（註四）

主義思想類：

潘　維：民本主義還是民主主義。

趙玲玲：中山先生民生主義的啟蒙精神。

王　東：孫中山，中國現代化的偉大先行者。

北村稔：孫文民生主義的本質是什麼?

張注洪：論繼承和發揚孫中山先生珍貴的精神遺產。

胡孚琛：重新認識孫中山。

貧富差距類：

余宗先：高速經濟成長與貧富差距加大之再驗證。

廖正豪：土地改革，邁向均富——民生主義的具體實踐。

歐陽光明：縮小城鄉差距，推進農村基礎教育信息化的幾點思考。

社會經濟類：

林毅夫：中國經濟探討。

茅于軾：中國改革的制度觀。

呂亞力：如何縮短貧富差距。

單　驥：孫中山思想中有關科學與技術進步「迎頭趕上」的策略：兼論公營技術研發機構的角色。

曹和平：中國經濟成長（二〇〇六年）與台灣經濟未來。

巨克毅：全球化時代民生經濟思想的啟示。

陳寬仁：民生建設過程中貨惡其棄於地也之體認。

劉　奇：創造適合民生的草根環境。

段陪君：中華民族的現代化與兩岸戰略選擇。

沈宗瑞：民生主義在全球化下的意義。

尹保雲：中國大陸的兩種發展趨勢。
楊松麟：中山先生平均地權漲價歸公理念之探討。
施正屏：城鎮化之戰略核心：人力資源與產業創新之發展路徑選擇。
江炯聰：高新技術園區之戰略與規劃——以新竹醫園為例。
王思斌：民生問題的社會政策視角。
湯明哲：台灣廠商成功的戰略。
曾　健：非線性複雜巨系統思維模式下的當代中國民生問題概觀。
巫永平：戰後台灣的發展——政治經濟學的分析。
余敦康：海峽兩岸的民生問題。

農業經濟類：

陳希煌：國際經濟情勢與兩岸農業交流。
姚　洋：新農村建設與農村發展觀的轉變。
陳文賢：印度農業的信息化經驗對中國大陸及台灣的啟示。
梅德平：農民工的文化生存：問題與原因。
王　駿：誰是最大受益者：「三農」視野中的中國城市化。

保險醫療類：

劉順仁：Taiwan's National Health Insurance：A Decade of Change in Health Care Policy and Management Responses.

王紅漫：關於實施新型農村合作醫療制度。

江明憲：老有所鍾的老有所終——從迎接高齡化社會到發展銀髮族產業。

道德倫理類：

陳小紅：全球化框架下的社會安全網——兼論中國「和諧社會」之建構。

曹秀明：中山思維的觸類引申——生命倫理觀的提出。

郭建寧：民生問題與和諧社會。

崔之清：追求和實現社會公平——民生主義的核心價值。

柴松林：婚姻移民及其衍生問題。

呂宗麟：民生主義的社會正義觀。

金吾倫：文化人生。

有第一屆就有第二屆，「第二屆孫中山思想研討會」於二〇〇八年三月，在天帝教

台北市掌院舉行，一樣是內涵豐富的一次學術盛會。閔月望（台北市掌院）在一篇文章說：（註五）

> 回顧過去八年，兩岸關係其實只有一個問題，就是不斷處理因為兩岸情勢惡化所釀成的危機。一言以蔽之，沒有所謂「兩岸關係」，只有「兩岸議題」。雙方對話完全停擺，「直航」只出現在空洞的文告與白皮書中，經貿關係被「有效管理」，陸客來台觀光永遠只聞樓梯響。

閔月望說的這八年，正是陳水扁胡整惡搞、吳淑珍大貪特貪的八年，其實從李登輝開始約二十間，台獨就整垮國民黨建設台灣成四小龍之首的基礎，要垮容易，要建設就難了。從此，台灣就一路垮下來，沈淪腐敗，不知天帝教眾神能否救台灣？

三、中山真人、中正真人和他們的天命

天帝教天極行宮座落於台中清水吳厝里，坐東朝西，站在二樓大同堂前一望，海線六城鎮（大甲、清水、梧棲、沙鹿、大肚、龍井及台中港）盡收眼底，極目遠眺海的那

邊，正是神州大陸。

天極行宮佔地約三千坪，民國七十一年動工，七十九年底正好天帝教復興二十週年落成啟用。本宮光殿名「玉靈殿」，殿主是中山真人，副殿主是中正真人，總護法是玉靈真人。玉靈殿之光，光照寰宇，鎮懾魔氛，鞏固蓬萊。

「天極行宮」四字為　天帝領賜，每年巡天節　天帝降臨本太陽系駐蹕之行宮，也是天帝教人曹道場，職司訓練及無形之精神堡壘。

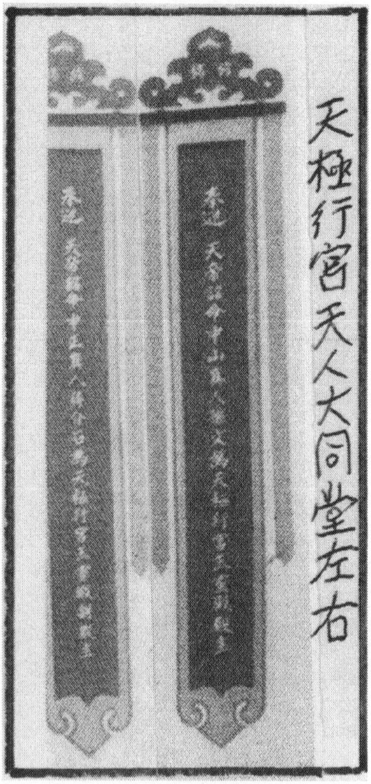

天極行宮因有中山真人（國父）和中正真人（蔣公）坐鎮，為持續完成未竟之大業，在我看來也是他們的「國防部指揮所」。這只要看看入口兩支撐天大柱，鐫刻著涵靜老人雄渾的墨寶：**「願我玄穹，佑三民主義統一中國」**、**「念茲末劫，行宇宙真道重光地球」**，這是天帝教的使命，也是二公（中山、中正）的使命，余以為也是這一代中國人的天命。

中山眞人晉封天爵
御使帝象監安家宰

九十七年 七 月三日
戊子年六月一日午時

金闕應元禮部尚書：

御示頒佈玉靈殿殿主復漢使者中山眞人天爵晉封御使帝象監・安家宰・無上淵明致和大天尊　暨頒佈

中山眞人寶誥　　　　三跪九叩禮

華誕十一月十二日
證道　三月十二日

玉虛浩天。巍巍極宮。炁貫忠義。武穆前身。
清室解紐。綱紀廢弛。劫火瀰漫。四海困窮。
領命再世。復漢鼎革。壯懷憂烈。矢勤矢忠。
平等博愛。爲國爲民。解民倒懸。屢仆屢起。
碧血黃花。始建民國。雷霆雨露。簡在帝心。
中土象新。兆民歡顏。天下爲公。協和肇基。
鎭駐玉靈。拱衛臺海。保臺護國。天人合同。
和平奮鬥。無始無終。樂土爰得。黃胄一統。
大悲大願。大德大仁。復漢使者。中山眞人。
御使帝象監。安家宰。無上淵明致和大天尊。

《教訊》293. P. 22.

玉靈殿位於天帝教的頂樓，除了是　上帝的駐驛行宮，也是群仙諸佛雲集之地，左右兩側各有一紅色銘旌上書：

奉迎　天帝詔命中山真人孫文為天極行宮玉靈殿殿主

奉迎　天帝詔命中正真人蔣介石為天極行宮玉靈殿副殿主

兩行字與挑空於上，環繞著廿字真言的紅心標誌相互應，彷彿啟示我們天上人間赤心相照，讓巍巍的中華文化重燃光華，照亮神州大地。

國父孫中山先生和先總統　蔣公，因其人間功業，他們走後修煉成神，被　上帝晉封「真人」。原來這二十多年來，李登輝、陳水扁為首的一群台獨小丑，以政治操弄，撕裂兩岸炎黃子民的感情，說孔子、孟子、李白、杜甫、孫中山…全是老外（外國人）。又把　蔣公抹黑成「二二八」元兇，說是罪人，凡此惡劣手段，竟未影響　上帝的判斷，宇宙間確實「邪不勝正」。魔鬼終究是魔鬼，　上帝終究是　上帝。

開闊心胸廣納萃精
確保中華文化老根

100年5月22日

辛卯年4月20日午時

中山真人：

中華民國自推翻滿清建立國家以來，已邁入第100年，期間經歷北伐、抗戰、國共戰爭乃至海峽兩岸分治。

而國際局勢亦屢經重大變化，美、蘇兩大強權冷戰結束，蘇聯瓦解，民主制度成為普世價值。

中國大陸在鄧小平改革開放的政策下，從經濟改革逐漸走向政治改革，尤其近年來致力恢復中華文化，追求和諧社會，已為中國奠立未來百年之世界格局，吾擔任玉靈殿殿主之職，執行　上帝交付之三大特定任務，堅守臺灣寶島，如今感慨良多。

臺灣是世界之寶島，雖然地小物稀，60年來能從經濟奇蹟邁向政治奇蹟，影響世界，都是　上帝鍾愛臺灣這塊寶島的緣故！

面對中國大陸崛起，位列世界強國，臺灣將何以自處？

須知從現實來講，臺灣的軍、政、經實力沒有獨立的本錢，唯有一方面確保中華文化老根的傳統，吸收世界文化的多元價值，另方面要以更開放的態度與作為，統合大陸，納入世界，臺灣才能在下一個百年世紀，成為　天帝真道普化全球的復興基地！《教訊》333。P.55。

99年4月9日

庚寅年2月25日午時

首席督統鐳力前鋒：

庚寅年中元龍華秋祭法會無形總主持、副總主持、主持、總護法等列位上聖高真業已公布人間周知，期勉全教同奮：

一、歷年來中元龍華秋祭法會之啟建，已成為天人間重要活動之一，希望中部教區各主辦、承辦、協辦等相關司職同奮，皆能高度發揮為教犧牲奉獻之精神，團結同心，盡忠盡職，圓滿法會宗旨。

二、全教同奮秉持我命由我不由天之奮鬥精神，貫徹救劫使者天命，勇於承擔，勤奮參與，以凝聚正氣，周流太空，救劫救世以至於兩大時代使命，終必能如願完成。

《教訊》316.P.33.

99年4月9日

庚寅年2月25日午時

金闕應元禮部尚書：

奉旨頒布庚寅年中元龍華秋祭法會主持：

總主持	一炁宗主
	首席承天智忠玄君
副總主持	北極紫微大帝
	南屏濟祖
	萬法教主
	清涼聖母
主持	萬靈兼主
	無極無聖英皇
	文昌帝君
	金闕應元吏部尚書
	金闕應元農部尚書
	日光大帝
	中山真人
	中正真人
	觀世音菩薩
	地藏王菩薩
	廿字主宰
總護法	瑤池金母
	達摩祖師
	維法佛王

帝教總殿總主持極初大帝全程參與，調燮運化，道化天人，應感無窮。

在《教訊》第二九三期有一篇劉光爐（天極行宮管理委員會主任委員、樞機使者）的短文。（註六）該文記述　上帝封中山真人及同奮祝賀，亦略轉說之。

二〇〇八年七月初，劉光爐前往鐳力阿道場途中，接獲光照首席賜電，指稱金闕應元禮部尚書（聖訓）傳示：

「天極行宮玉靈殿殿主中山真人蒙教主　上帝晉封天爵：御史帝象監．安家宰．無上淵明致和大天尊暨頒佈中山真人寶誥」，希望天極行宮儘快安排祝賀儀式。

上帝晉封中山真人天爵全稱，**「御史帝象監．安家宰．無上淵明致和大天尊」**，欽頒寶誥（如附印），天極行宮同奮亦與有榮焉。劉光爐自然要動員同奮，林敏嬌、謝緒追：七月六日十點三十分，玉靈殿鐘鼓齊鳴四十九響聲震雲霄，六十五位同奮，在莊嚴肅穆儀禮中，祝賀殿主中山真人晉封天爵，同奮莫不虔誠祝禱禮讚。祝賀之餘，人神都感責任重大，今年六月一日極初大帝尚有聖訓指示：（註七）

玉靈殿三大特定任務關係中國的命運，台灣的前途以及同奮自身的生存。經過二十餘年來的考驗，已逐漸證實於世人面前，本席於人間救劫宏教，一貫知無不言，言無不盡，今日再次昭告全教同奮，「台灣的前途在大陸，天帝教的前途也在大

己丑年中元龍華秋祭法會無形主持公佈

九十八年 三 月 廿二日

己 丑 年 二 月 廿六日 午 時

金闕應元禮部尚書：

奉旨發佈己丑年中元龍華秋祭法會主持：

一、總主持：　一炁宗主

首席承天智忠玄君

二、副總主持：北極紫微大帝

南屏濟祖

萬法教主

清涼聖母

三、主持：　萬靈兼主

無極無聖英皇

文昌帝君

金闕應元吏部尚書

金闕應元農部尚書

日光大帝

中山真人

中正真人

觀世音菩薩

地藏王菩薩

廿字主宰

四、總護法：　瑤池金母

達摩祖師

維法佛王

帝教總殿總主持極初大帝暨首席督統鐳力前鋒、首席正法文略導師全程參與，調燮運化，應感無量，祐進康同。

《教訊》，304．P.49．

陸，兩岸能夠真正和平統一，大家才有前途」，期望全體同奮認清局勢，貫徹天命，勤誦兩誥，積極發揮正氣力量，促使兩岸早日和平統一，允符天意人願……

眼光多麼深遠！**「台灣的前途在大陸，天帝教的前途也在大陸，兩岸能夠真正和平統一，大家才有前途。」**涵靜老人的智慧穿透了中國五千年歷史文化，看透兩岸關係的本質「實相」，他早已這麼說了，如今都驗證了，那些高喊台獨的人，不久恐成為「最先進的統派」。謝長廷就是實例，五年前我便著書說他遲早向統派靠攏。（註八）二〇一二年他終於去了大陸，說了一堆「統派的語言」，其他的獨派份子不知內心還熬多久？一個人和自己的親生父母「決裂了」，要回去，確實很難。

國父和　蔣公封神後，他們仍為大業（三大任務）而努力，也忙於主持各種法會（均如附印）。「己丑年中元龍華秋祭法會無形主持公佈」，中山真人、中正真人和觀世音菩薩、地藏王菩薩等諸神同列主持者。

涵靜老人常說「各有天命、各領天命、各了天命」（也可能是維生首席說的，不確定），不管誰說的，天帝教是個知「天命」的教派。人要知天命是很難的，我自己是到了五十幾歲才慢慢看清自己的「天命」。

有的人天命一世可了，有的人可能要幾世才了。例如，涵靜老人、中正真人，他們至今仍為「天極行宮三大任務」（見本章前述）傷神，也只能說是他們的「天命」了！

四、涵靜老人致鄧小平先生的兩封信：三民主義統一中國

按我對中國歷史的研究理解，凡承擔著「民族復興、國家統一」天命的領導者，一生為中華民族、為國家之統一，犧牲奮鬥以完成其春秋大業。只可惜，多數在生前都未能完成天命裡的大業，如孔明、鄭成功、孫中山、蔣中正、鄧小平、蔣經國，都算大業未竟，讓當時共同奮鬥的仁人志

人道圓融圓滿天道
恢弘正氣化解凶鋒

99年9月6日
庚寅年7月28日

中山真人：

天帝教庚寅年中元龍華秋祭法會於天極行宮如期啟建，玉靈殿司職神媒全面運化，先行灑淨，總護法率領金甲護法綏靖諸方，嚴防反應元組織精靈邪魔覬覦滋事，神威顯赫，祥瑞普徵，以迎諸天上聖高真蒞臨，共襄法會盛典。

秋祭法會即是教化同奮，奉行慎終追遠孝悌齊家之人道，進而圓滿天道，尤其春劫行運，人心墮落不堪卒睹，諸位救劫使者要挺身而出，將廿字真言普化人心，恢弘天地正氣，化解春劫凶鋒於無形。

仰蒙　帝恩，交付天極行宮玉靈殿三大特定任務，歷經人間奮鬥至今，兩岸關係已發展到新的境界，惟望同奮仍須謹慎以對，持續奮鬥！《教訊》319.P.58.

長期祈誦化戾氣「保臺護國」安家邦

民國82年7月17日

癸酉年5月28戌時

A

中山真人：

吾逸仙，受　上帝敕封為復漢使者，並蒙　上帝詔命為天帝教天極行宮「玉靈殿」殿主，吾受此禮遇榮耀，焉能不矢志闡揚　天帝教化，早日完成　上帝所交付天極行宮之三項特定任務。

吾欣見三民主義於臺灣實行有此豐碩之成就，然對於兩岸不能早日達成和平統一問題，仍耿耿於心。

自中華民國政府撤退來臺，吾於無形中等待機緣，策動大陸人心民情之歸向，總冀望以和平方式解決問題，減少流血事件，至於同耆耳熟之大陸「六四」天安門事件，即吾於無形中主導，然不料卻發生此一慘絕人倫悲憤之憾事，令吾自責不已！

首任首席乃是一位高瞻遠矚深謀遠慮之先覺者，適時將「保臺護國方案」提報金闕，由金闕下達專案處理。凡處金闕以下諸神媒必須統籌配合此專案執行，此一方案於金闕提報後，由吾首先響應。

吾不忍見兩岸之中國人干戈相見仇視如敵，尤不忍見中華民族傳延之命脈毀於一旦。一旦兩岸動武，美國或蘇俄坐收漁翁之利，中國將永無揚眉之日。

吾雖處於無形界，看是悠哉，其實不然，吾到處奔波運化，來往於臺海之間，媒壓媒挾各方政要，方有今日兩岸之頻繁接觸，由原先之敵對，至今日緩和局面，雙方各派代表商談解決「中國人的問題」。

實際上在原行劫「臺海專案」之執行，有不少內幕，吾今日就透露此一天機，「臺海專案」依行劫計劃，不祇是免不了戰亂流血，應劫之傷亡更是慘重。

因為大陸執掌軍權之政要始終未放棄「以武力犯臺」之決策，時至今日他們仍保持此一決定。《教訊》334．P.80．

士，無限浩嘆！

中國歷史很奇妙的，那些領袖英豪未完成的統一大業，都在不久之後，民族又復興，國家又統一。

國父逝世快百年，而　蔣公走了也快半個世紀。他們仍以中山真人、中正真人的身份持續奮鬥，期待民族再復興，國家再統一。但他們只能從「無形」努力，「三民主義統一中國」，是二公（中山、中正）畢生努力的目標，在「有形」方面的努力，當然就是整個天帝教及全體同奮所承擔的天命。涵靜老人復興並創天帝教，而以中華文化為天帝教核心思想，如此便和中國統一結了「天緣」。三民主義亦以中華文化為核心思

B

但由於人間首任首席將「保臺護國」方案於金闕提報通過以後，無形神媒護持臺灣安危，於臺灣海峽之上空，形成一防護罩，派有天兵天將層層駐守，再配合帝教同奮由「第一期保臺護國法會」至「第三期保臺護國法會」，而至今日「長期保臺護國祈禱誦誥」，保護二千萬同胞之身家安危，臺灣若不保，　上帝的教化又怎能以此為根據地，對外宣揚呢？

祈禱誦誥的力量真的驚人，不單化除了暴戾之氣，也將共產黨的氣焰大大的消除，因此而改變了整個行劫方案之執行，兩岸的關係也因此漸漸的明朗化。

再者首任首席於無形中，施以鐳炁真身大法，控制對岸之意念更為關鍵之一，給予其精神上、靈覺上再教育，促使其不會做出錯誤之決策，以免擾亂已控制住的氣運和局勢。

凡此種種皆為參訓學員所不知，吾今日之說明除了增加各位對於誦誥信心以外，更期各位不要小看自己，無形的運化來自於有形的行動，沒有同奮們行動、願力上之配合，無形的力量仍是推不動；天命仍要下達於人之執行，方能完成。

今天各位願力巧合齊聚一堂參訓，除了認真修煉以外，不要忘了對天上發的願力，齊助首任首席早日完成第三天命「兩岸真正和平統一」，亦了吾一樁心事，天人共贊，相信統一之日不遠。《教訊》334．P.81．

想，故三民主義統一中國很自然成為天帝教的時代使命。以下從涵靜老人致鄧小平先生的兩封信，略觀「大家」的時代使命。

這兩封信雖已是二十年前的往事，但天帝教同奮無時無刻都在為信中提到的任務而奮鬥，至今如新，彷彿是昨日老人家才說的事。

△涵靜老人致鄧小平第一封信：認清環境化除敵意共謀和平統一，達成黃冑一統。（註九）

涵靜老人致鄧小平的第一封信，是在民國八十年（一九九一年）元月十五日，寫的文情並茂，合禮合體，兼顧情理法，真是順人心合天意。

信的開始，涵靜老人先介紹自己的背景、來歷、思想淵源，慢慢切入主題**「九〇年代為中國關鍵年代。和平統一是天心民意所歸」**，雖兩岸中國人分裂成兩個政治實體，從未動搖復歸統一的信念。分裂的半個世紀，兩岸各自實驗了不同制度**「四十年實驗三民主義優于共產主義，以開闊心胸開放黨禁多黨和平競爭」**。

四十年實驗，大陸默認推行共產主義的失敗，而改走「中國特色的社會主義」，豈不和三民主義異曲同工之妙，何況中共在民國二十六年（一九三七年）九月，更曾公開宣言：「願為實行三民主義而奮鬥。」

涵靜老人贊美鄧小平是大政治家，應**「排除動武消弭劫難避免兩敗俱傷，認清環境化除敵意共謀和平統一」**，先生是中共大家長，心存國家民族，能為老、中、青三代所推崇，正可做出一番大事業來，**「先生以超然立場放棄意識型態堅持，做出驚天動地大事業開創光明新局」**。

末了，**「九十一歲涵靜老人　李玉階」**落款，再語重心長向鄧小平先生發出真誠的告白，參考德國統一經驗，重新制訂憲法，重立國號，盡早完成中國的和平統一，建設合乎天意人願的現代化中國，達成黃胄一統，則民族甚幸！國家甚幸！

△涵靜老人致鄧小平先生第二封信：以三民主義統一中國，創中國自己的社會主義。（註一〇）

涵靜老人致鄧小平的第二封信，是民國八十一年（一九九二年）六月五日。開宗先提一下去年講的和平統一要義，強調「中國特色的社會主義」和三民主義之類同，中山先生在民生主義第一講也說：「民生主義就是社會主義。」而孫中山先生更有「容共」的雅量，建請鄧小平先生以中共大家長、超然於名利權勢之外：

效法中山先生容共雅量接受台灣政經成功經驗
製造出中國自己的社會主義開創直逼漢唐盛世

末了，涵靜老人提示，世局或偶有影響兩岸和平統一的步調，但深信一切操之在我。人民的眼睛是雪亮的，在先生領導下，慎謀能斷，運籌帷幄。中共若果能放手乾坤一擲，大勢所趨，必然天與人歸，萬方擁護，將見「一個國家一個主義」，兩岸自然走向和平統一，迎接即將來到「中國人的廿一世紀」，時不我與，機不可失！

以上是涵靜老人致鄧小平的兩封信，共約六、七千字，很難想像一個宗教家有如此大智大慧之信念，「時不我與、機不可失」。確實，機會如閃電，尤其人生的成功機會更難有難得，以涵靜老人致函的二十年前，台灣尚有「主動、優勢」，現在我個人以為優勢已失，受制於人。因為這二十年來的台獨「毒素」，已經毒化了很多台灣子民，他們不知中國、不懂中華文化，更不知統一幹啥？

我個人的看法較悲觀，幸好有天帝教、有中山真人、有中正真人、有中山思想，更有中華文化，統一有望！

五、黃河九曲終向東流：三民主義是廿一世紀人類發展進化之主流

三民主義一度是台灣地區之顯學，各級學校、軍隊、公部門，都把三民主義列為必修、必讀、必考的一門課程。各大學也有許多專門講授三民主義（孫文思想）的學者、教授，乃至成為領導階層「問道」的思想家；那時候，不少大學有「政研所」，內有所謂「國際共黨組」、「三民主義研究組」等，甚至直接成立「三民主義研究所」（如台大）。筆者就是某大政研所「三研組」出身，那年代，只要深研三民主義，就可以成為一輩子的「鐵飯碗」，很多人靠三民主義「吃飯」。

曾幾何時！三民主義被一群台獨份子搞成「破鞋」、「舊鞋」，統派也真是扶不起的阿斗，竟把自己的寶物、存在的靠山、自己的黨魂、國魂——國父思想精華，三民主義，也棄之唯恐不及。如今，全台灣所有學校、軍隊、公部門，以及所有民間文化、社會、各界，還有誰「敢」在光天化日下，公開的談論三民主義、國父思想，必有一群台獨份子或政客，以「口水」攻之，曰「干政」、曰「植入性行銷」、曰「向中國示好」、曰「不愛台灣」、曰「看不起台灣人」……曰「各級學校要上台語、客語、原住民語」，曰「台灣人要出頭天啦」！台灣成了甚麼社會？退化回到鄭成功死後，他的兒孫成立的

「東寧王國」，永無休止的統獨鬥爭，沒有是非黑白，只有政客私利、只有輸贏，只有鬥爭、鬥爭…等待、等待，等待被統一、被救…

如同「鐵達尼號」沉沒前那一刻，四週乘於救生艇上的那群「活人」，只是等待、等待、等待，等待被救，台灣現況如同這種場景。我的人生觀屬「樂觀派」，但對台灣這種「移民社會的本質」，則是「悲觀派」。

當台灣各界無人敢於談論三民主義時，卻尚有一群人，他們以宗教團體之名，以上帝之名，以「神」的立場，積極宣揚三民主義，並仍主張以「三民主義統一中國」，奔走於兩岸召開孫中山思想學術研討會，在兩岸各大學設立「孫文論壇」講座。他們是誰？他們是台灣十大新興宗教之一，由涵靜老人李玉階所創的天帝教（背景見第一章），在他們的教內月刊《教訊》中，無數的篇章在闡揚中山思想，論述三民主義，並認為是全中國、全人類的「寶物」。我以《教訊》第三三一期裡，陸光中樞機（天帝教參教院主任）的一篇文章為代表略說，「黃河九曲終向東流：三民主義是廿一世紀人類發展進化之主流」，這篇文章可謂指出廿一世紀人類發展的新方向，不僅是中國人的世紀，更是三民主義指引人類發展方向，成為整個世局之主流。（註一一）

該文開宗先回顧二十世紀美蘇兩強對決的結局，蘇聯解體及美國獨霸。接著二十一世紀開始，美國被兩顆「超級強彈」攻擊，一是「九一一恐怖彈」，再是「雷曼兄弟經濟彈」，結果是宣告獨霸支配全球結束了。深陷的三場戰爭，阿富汗、伊拉克及反恐，至今仍在糾纏。

美霸的結束，也等於宣告經過二五〇年發展，以西方文化為主的「民主選舉、大量生產、無節制消費」，那種資本主義式民主也將結束，全面進入大蛻變的時代。

而大陸的共產主義實驗失敗後，改走「中國特色的社會主義」，這其實就是中山先生的三民主義，因而到二〇一三年三月，中國已超越美國成為「世界第一大經濟體」，中國人的世紀真的來了。

過去那一百多年，地球上流行兩種體制，資本主義和共產主義，如今都宣告失敗打烊了。西方和中國都在調整方向，走的竟然是以中華文化為基礎的三民主義之路。

陸光中樞機總結，與其說廿一世紀是中國人的世紀，不如說三民主義是廿一世紀指引人類發展進化的主流。

注釋：

註一：問答均可見《天帝教答客問》一書，教訊雜誌社出版，八十三年十月修正一版。

註二：關於「天極行宮三大特定任務」之始末，可見《教訊》第305. 306. 307. 308. 309. 310. 313期，「青雲嶺上明珠聳立、三大任務再造中國：人曹道場天極行宮開發記實」一文，分七期連載，並可窺知該道場建設經過。

註三：《教訊》第275期，二〇〇七年元月，頁一四—四四。

註四：同註三，頁二八—二九。

註五：《教訊》第290期，二〇〇八年五月，頁二〇—二一。

註六：《教訊》第293期，二〇〇八年八月，頁一九—廿一。

註七：同註六，頁廿一。

註八：陳福成，《幻夢花開一江山》，文史哲出版社，二〇〇八年三月。

註九：《教訊》第298期，二〇〇九年元月，頁四四—五一。涵靜老人致鄧小平的第一封信，除刊於《教訊》，另刊載於下列各報：民國八十年三月九日中央日報第十二版、三月十日中央日報航空版、三月十五日中國時報第十二版、三月廿二日聯合報第十二版、三月廿三日自立晚報第十二版。同時，也於一九九三年三月廿四日美國洛杉磯、舊金山及紐約三地世界日報第十二版、一九九三年三月廿六日巴黎歐洲日報第十六版等，均為全版刊載。

註一〇：《教訊》第299.300期合刊，二〇〇九年二月、三月，頁三一—三六。除刊《教訊》外，涵靜老人致鄧小平的第二封信也刊在下列報紙：民國八十二年三月九日中央日報第十二版、三月十日中央日報航空版、三月十五日中國時報第十二版、三月廿二日聯合報第十二版、三月廿三日自立晚報第十二版。同時，刊於一九九三年三月廿四日美國洛杉磯、舊金山及紐約三地世界日報第十二版、一九九三年三月廿六日巴黎歐洲日報第十六版等，均全文刊載。

註一一：《教訊》第331期，二〇一一年十月，頁五—十四。

第七章　青年團，天帝教的大未來

《教訊》341. P.64.
氣正地天
2012.7.「大學營」

一、天帝教青年團的角色、功能

我退出公職後，才參加很多民間社團，算一算竟然有幾十個正式和非正式團體，涵蓋文壇、詩界、聯誼、學術、志工、宗教等。在這些眾多團體中，有一項共同特色，幾乎八成以上全是一票「老傢伙」。每個月都有人突然「走了」！怎麼上個月與會時，好好的，這回席位上空空，一問之下說幾天前「走了」，大家習以為常。

幾乎所有民間各類團體，都在為「年青化」而大傷腦筋。老的走了，年青的進不來（各種原因）。但若你看那動漫展、同人志或大胃王比賽，人山人海全是青少年、青年族。社會為何「質變」成這個樣子？不忍批判，只能說時代變了！社會變了！人心也變了！

天帝教在台灣當然也得面臨相同的環境，相同的困境，並思考突破之道。余以為，天帝教比其他所有「老教派」（天主、基督、摩門、佛、回等教），在「年青化」上有更大的「急迫感」，原因之一是「老教」有久遠的歷史和深厚的基礎，相較之下天帝教如「新生兒」。原因之二在天帝教有時代使命（化解核戰、核武和完成中國和平統一），這是百年乃至更久之大業，沒有新人傳承，時代使命都是空話。

也因有這種「急迫感」，天帝教對年青一代的經營很積極。青年團的開導師林靜存在一篇談青年團的角色、功能的文章說，青年團最重要的目標，在引導青年學子、培養青年人才，藉由幹部培訓（成長營），親自籌辦活動，親力擔任規劃執行等工作，增強獨立思考的能力，鍛煉獨當一面的能力。（註一）

為達成這樣的目標，所有課程必須合乎年青一代的「味口」，而不是開始就左一句挽救核彈危機，右一句復興中華文化，那只會把年青人「嚇跑」了。我以為林靜存的策略很正確，青年團主要的服務內容放在寒暑假舉辦大專營、青少年營隊活動、兒童營（坤院聯席委員會主辦）、

《教訊》174. p.51.

大專「正宗靜坐」等。這些活動都要以活潑生動、有趣輕鬆，針對年青人的須要，學習啟發也要有階段性，青少年這階段很難搞定，從排斥到了解、接受天帝教的核心價值，絕對要下工夫的。

我從《教訊》上看到青年團舉辦的活動，第十一屆全國大專靜心靜坐研習營（註二）、第二十九期正宗靜坐大專班（註三）、尋訪宗教大師的玄妙（註四）等，雖無大規大模之氣勢，但一步一腳印，承辦單位和人員很辛苦，效果確是有深遠的影響。天底下沒有「從天上掉下來的禮物」，只有努力耕耘才有成長壯大的機會。

天帝教青年團另一種「苦行計畫」我也很敬佩，他們採用如摩門教徒騎著腳踏車穿梭，穿著整潔的服裝到處傳教，那是一種熱情和使命。青年團稱為「前鋒計畫」，由帝教大專青年同奮和

光照首席（第二排左四）、輔導員與全體學員合照
《教訊》287.288. p.62.

美國教區共襄盛舉。（註五）這是二〇〇三年帝教美國弘教第二據點——帝教西雅圖聯絡處成立，可以讓青年同奮有機會以宏教為體驗，也是生活學習，未來成為帝教國際青年弘教的「先鋒隊」。

對於天帝教青年團的各項活動，我並無機會可以考察其成效。但余以為，對新興宗教而言，「摸著石頭過河」是難免的，青年團只要下苦工夫，堅持下去，就必然能開創天帝教的大未來。

二、「正宗靜坐」找人才．北區新境界三部曲．中區單車遊

我翻閱數十期《教訊》，「青年團」是這本月刊的重要單元。是故，要初略了解青年

參訪鐳力阿道場收穫多（後排左四為林月金）《教訊》291. p.72

團用那些方法網羅青年學子，還是可以從《教訊》報導窺知豹條。這裡舉出三種動靜不同之型態。

△**「正宗靜坐」青年學子有所得**

九十八年青年團大專生「正宗靜座」先修第三十期第一、二階段，才得五十一位大專生，確實少了些，可見傳承開拓是很困難的。（註六）但這五十一位若能出兩位「帝教龍象」，林靜存開導師及工作人員的任可勞苦，全都值得了。這裡引若干學員的心得，小小的體驗是每個孩子大大的一步。

柯政宇（淡江大學資訊工程學系）：人是一個小天體；天是一個大天體。其中運行的力量，可以稱為是一種真理。若違背真理，則必須付出代價。

湖光山色，盡收眼底，青年學子其樂融融！第2排右3為張光弘預命開導師，右4為林靜存開導師《教訊》310. p.86

張至緣（嘉義大學園藝學系）：七天下來，讓我更了解天帝教，以及其中意涵，也更能了解我爸爸緒期同奮在忙些什麼？為了什麼付出？付出意義何在？

許菁菁（南開科技大學休閒事業管理系）：這幾天和大家相處得很快樂，很幸福！每個人都有不一樣的特色，每個人我都好喜歡，希望第二階段訓練趕快來臨，好捨不得回家，希望大家可以不要忘記我。

楊謦綺（嶺東科技大學行銷與流通管理系）：回想自己曾對父母說過多少次「煩」，實在很不應該。因為壓抑，我不曾說過「愛」。參加第一階段後，我發覺，應該即時讓父母知道「我愛他們」。

陳致翰（中正大學會計與資訊科技學系）：往後日子若迷失時，但願能夠再回顧這一星期的生活體悟和體驗，然後更堅定自己的腳步，向前邁進。

林欽毅（成功大學機械所．宗教哲學研究社社長）：因為多數的人，都是為了自己求神拜佛。從未聞與接觸「救劫觀」；天帝教強調救劫觀，真的和其他宗教大不同。

李沛潔（成功大學政治學系）：「道」也好，「宗教」也好，都是尚待實踐的真理。俟以理性，以邏輯印證而無解時，能仰賴的只有價值和精神，希望參加第二階段訓練後，也能加入輔導員的服務行列。

吳蓉蓉（東海大學國貿系）：如講師張緒析所說，一個習慣要養成，需要一、二個月，所以「百百築基」是很重要的一門課，必須用心經營。

宋振源（中國科技大學）：我本來不相信的，聽了講師的講解，才讓我知道，靜坐無法用科學方式來處理，必須親身體驗，才可以知道它的好處。

何旻潔（醒吾技術學院餐旅管理系）：原本以為在學校打坐，同學會用奇怪的眼光看我，但事實相反，反而同學看到了會把講話音量變小，讓我感到很驚訝！

林心施（月一）：現在，我知道自己的責任，也知道自己的原靈與來處，更了解「五門功課」對天帝教同奮的重要。未來希望有機會擔任輔導員，幫助更多同年紀的人，了解天帝教，大家一起來救劫！

△北區新境界的三部曲（註七）

「北區新境界」成立於民國九十一年，目的為廣招青年學子，最近在青年團主任陳光理樞機主持下，遷往台北市掌院，以「三部曲」開新局。首部曲是欣賞電影「爸爸！回家吧！」看完電影開座談會，預命開導師張光弘說，「雖然電影欣賞會只是一小步，卻是弘教方式的一大步。」但這部電影提供一個思考，人類其實有過著儉樸生活的本能。

（我個人看法：只有少數人可以，中國古來也只有老莊、墨家有此主張。但人類社會經過二百多年資本主義式民主政治的「無限制」耗盡，「地球第六次大滅絕」已不可逆，科學家這麼說的。）

北區新境界的二部曲是「以武會友」，八段錦、太極刀、太極劍、大極拳，都是很多人有興趣的武術。這是一個好點子。

三部曲是兩岸青年交流，北區新境界境主顏大青同奮和前境主劉緒中同奮，於二〇〇九年十一月四到九日，前往北京大學親和，與北大「宗哲會」前後任社長幹部聯誼。天帝教有各種管道和北大交流，也有同奮在北大就讀，兩岸如同一家人。

中區新境界以「青春記錄簿」方式，腳踏車郊遊和會餐聯誼，如照片附印。總之，要年青人走進天帝教；活動要多元、活潑、有趣、生動，合乎年青人需要，把這「入門工夫」做好，必得人，「得人者得天下」應該也說得過去！

三、青年團何去何從？大學營和正宗靜坐的範例

第三一六期《教訊》預命開導師張光弘有一篇文章，「風華再起承先啟後看前路・青年團何去何從？亟待奧援」。（註八）該文看出青年團始終存在發展的困境，二十年

前維法佛王聖訓如是說：

> **天帝教輔導之大專青年社團，人生哲學研究社等，或呈現青黃不接、後繼無人，或缺乏外援、活動停歇等現象，各地開導師辦公室，實應積極輔導支援，並成立專責單位參與協調，切莫任其自生自滅，繼絕宇宙大道深入大專院校的法緣。**

張光弘在文中也提到太虛子、玄玄上帝指出的時代弊病。我以為這種文明社會帶來普遍性的腐敗、墮落、迷網、空虛…可謂「全人類的共業」，工業革命後，資本主義式的民主政治橫掃全球，這只能說人類社會發展走錯了方向。二〇一二年八月我參加佛光山佛學營時，有一位法師說出驚人之語，幾可對全人類當頭一棒，他說：「大家都搞錯了，民生政治不是人民所要的，人民要的是快樂和幸福。」（大意）他也舉例說，越是天天高喊民主、搞民主選舉的地方，人民越是不快樂，痛苦指數越高。

積極樂觀，勇於承擔的張光弘預命開導師《教訊》316. p.36

這種話政客不說，也無人敢說，只有大無畏的法師敢說。但是，這世界的「業」已然形成，要設法解決，突破困境，找發展的機會。天帝教的北區新境界積極走入大學校園方式，尋求發展生機。

台灣大學人生哲學研究社在王邦雄教授，以及緒潔、緒宇、緒翰、緒析、緒序、緒致、緒為、緒神、靜曠、素饒、大觀、大青、大迪、大存、大傳、大格、月開、月和、普泰、香覺，等同奮將士用命下，終將天人實學的精神帶入校園。動員不少人力，青年團同奮全力以赴，在最近一次宣化活動中，只有台大法律系龍姓同學皈師，傳教真的困難重重。林月開在「旅行筆記」也說：「由於近幾年青年團推動學校社團，培養具有宗教理想之年輕學生，困難重重，成效甚微。」（註九）為突破困境，北區新境界二〇一〇年在台大辦的靜心靜坐班，還是看到了成效，只要努力，曙光會無限開展，「最壞的時代就是最有希望的時代」，我看得出天帝教同奮有著堅定的信念。

△暑期大學營的範例：青年學子找回自我

二〇一〇年全國青年大學營「萌芽・幸福之美」（簡稱「大學營」），暑假在天極行宮舉行，為期五天四夜。參與學生從原本生澀，到認同投入，最後依依不捨。印證帝

教青年團辦活動的成功，以下略引青年學子的學習心得。（註一〇）

伍志明（台灣科技大學機械工程師）：課程真的很棒，學到了「無我」的精神…改名不如改個性、改行為，一切都在於後天的個人修養，還有浩翰宇宙的奧妙世界，值得有為的大專青年一同來參加！

趙湘君（亞洲大學財經法律系）：與其說我是來帶營隊，不如說我是來沉澱…帝教、青年團是一個大家庭，在這裡可以任憑自己的真實面展露。

何正修（東海大學中文系）：這次營隊讓我自己像一張背面寫著

2010 全國青年「大學營」在天極行宮留影合照；最前排左為林靜存開導師《教訊》319. p.43

有用資料的半面白紙，吸收關於人際、愛情、思考力、生命觀和心靈探索的各方前人經驗，結合過去所知，組合成一篇全新的生命篇章。

蘇御瑞（逢甲大學土木工程系）：第一次覺得人與人之間可以如此的和諧，可以見到不同領域的同學，彼此之間的對話，實在讓我有更多的見解，對於人生有不同的看法。課程的安排，不知道怎麼形容，它超出了我的詞庫，只能說，很棒，真的很棒！

龍建宇（台灣大學法律系）：在清水山上的天極行宮中，整個過程一直處於一種空靈穩定的氣氛中，每日作息規律、飲食清淡，我們在這學習不可思議的靜心靜坐：看似平凡的一切中，靜靜的領略著心中萌芽的靈性種子。

「大學營」結訓學員們與高美溼地燈塔合照《教訊》319. p.46

△31期大專「正宗靜坐」學員心聲（註一一）

九十九年第三十一期大專「正宗靜坐」班一階課程，暑期末在天極行宮展開，計有乾道十四人，坤道十九人，共三十三人參與。

宋森寶（雲林科技大學會計系）：我要感謝引渡我的李靜洋老師，如果沒有她的引進，就沒有現在的我，可能我還在四處飄盪，心靈還找不到一個明確的方向…皈師帝教讓我高中時期一路順利，每次遇到困難就上光殿祈誦，每次都能迎刃而解。

謝宛芹（台灣體育大學運動保健系）：這七天認識一些能交心的朋友…我在這裡長大了！好開心，我誓願與規劃好多動力，如四十萬聲「皇誥」早日完成，還有好多事，我很感恩。

楊明弘（清華大學資訊工程系畢）：我是抱著想了解這個宗教，以及想知道宗教對我的意義而來…這次課程，讓我注意到一些我遺忘許久的重要東西，希望自己能繼續充實自己。

王藝婷（輔仁大學心理系畢）：從小到大接觸過很多宗教，每個宗教都讓我有受益的地方。但是天帝教卻是目前我最想要深入去真正體會的宗教，這也是我未來日常生活中重要的一課。

郭又勳（成功大學統計系）：由於接觸帝教時間不長，未來能知行合一後，再來分享吧！不過和接觸最多的基督教比起來，感覺自己找到屬於自己真正的「家」，要多為這個「家」盡心盡力，也要多多誦誥。

本文從張光弘、林月開的文章，理解帝教育年團發展的困境，我以為這種困境是目前台灣地區各類團體所共有，都面臨年輕化的問題。我進而看大學營和正宗靜坐兩個實例，深感青年團在校園的耕耘是成功的，這只要看看孩子們寫的心得分享就清楚明白了。

辦任何青年人的活動，只要他願意

第31期大專「正宗靜坐」班全體學員們與光照首席（右4）在天極行宮合影留念《教訊》319. p.47

說出「好快樂、好幸福、捨不得走、好棒、不可思議」等贊嘆！這個活動就成功了八成，諸君以為然否？

四、深耕中華，兩岸青年學生論壇

「台灣的前途在大陸，天帝教的前途也在大陸。」這樣的話不僅涵靜老人說過，後來的首席使者也說過。是故，向大陸發展深耕是天帝教的「天職」；若不向大陸發展，所謂的復興中華文化、和平統一、救劫，全是空夢一場。所以天帝教的次級組織無不向大陸積極擴展，青年團亦不例外。帝教的「兩岸青年學生論壇」，目的在建立和平交流平台，由兩岸輪留舉辦，獲無數好評。

「二〇一〇年兩岸青年學生論壇」，九十九年十一月廿一日由政治大學、國父紀念館和天帝教青年團共同主辦，兩岸青年學子和學者教授共參盛會，發表論文十餘篇，錄其題目和作者如下。（註一二）

鼎力支持論壇的政大國發所彭立忠（站立者）所長。《教訊》321. 322. p.120

彭立忠（**政大國發所所長**）：我們為何要舉辦兩岸青年學生論壇？

周鴻昌（**政大國發所碩士生**）：兩岸生活經驗的比較、傳聞與親歷。

李書耘（**陽明大學醫技系**）：兩岸生活經驗的比較、傳聞與親歷。

顧慧融（**西安交大法律系**）：兩岸生活經驗的比較、傳聞與親歷。

劉越（**廣州中山大學外文系**）：親歷與感知：兩岸關係的民間體認和展望。

劉海東（**山東大學財政系**）：台灣初印象。

蔡璟孜（**上海復旦大學交換生／政大財政系**）：兩岸交流有何需要改進之處？何者最為迫切？我看海峽兩岸交流。

閔詩卉（**上海復旦大學中國語言文學系碩士生**）：文化與文明的自我傳承與中西會通。

余盈億（**上海交通大學媒體與設計學院設計系**）：捨我其誰。

這場論壇融入許多年輕人的表演，包括「中華一家親」的政大說唱藝術社2位表演同學（左1、2），博得滿堂彩的大雋同奮扯鈴（左3），而林靜存開導師（右3）與張光弘預命開導師（右4）特別予以加油打氣。《教訊》321. 322. p.122

張榕坤（復旦大學中國哲學專業碩士生）：文化與文明的自我傳承與中西會通。

吳欣純（政大國發所碩士生）：文化與文明的自我傳承與中西會通。

許涵濡（政大公行系）：文化與文明的自我傳承與中西會通。

以上題目內行人一看全就了然於心，那全是兩岸間一座座「小橋」，未來會成為「大橋」。誠如政大國發所所長彭立忠教授之言，「至於我這一輩的責任，不是將過去的仇恨和衝突傳承給你們，而是應該營造一個兩岸和平與和諧的大格局，讓子子孫孫未來都能在自由、平等、博愛的理念下，享受民治、民享與民有的大同社會。」（註一三）而天帝教預命開導師張光弘認為，兩岸青年學生論壇為兩岸下一代交流，做

2010年兩岸青年學生論壇
兩岸學子以音樂交流互動的情形。
《教訊》323.324。P.37.

了很好示範。同時也讓「中華一家」的理念，潛移默化在兩岸青年學子內心深處，讓兩岸下一代選擇不要戰爭而要像一家人一樣相親相愛。（註一四）從兩岸學生提出的心聲，已感受到和平的契機，唯有在和平的前提下，才有可能觸及統一的命題。

五、中華一家：二〇一一年兩岸青年學生論壇

在《教訊》三三九期，張光弘有一篇談「二〇一一年兩岸青年學生論壇」的文章，開宗明義先轉達中山真人（天極行宮玉靈殿殿主，副殿主是中正真人，詳見第六章。）傳示（聖訓）：（註一五）

> 中華民國自推翻滿清建立國家以來，已邁入第一百年……中國大陸在鄧小平改革開放的政策下，從經濟改革逐漸走向政治改革，尤其近年來致力恢復中華文化，追求和諧社會，已為中國奠立未來百年之世界格局……
>
> 面對中國大陸崛起，位列世界強國，台灣將何以自處？首先必須從現實面來談，台灣的軍、政、經沒有獨立的本錢，唯有確保中華文化老根的傳統，吸收世界文化的多元價值，繼而以更開放的態度與作為，結合大陸，納入世界，台灣才能在下一個百年世紀，成為天帝真道普化全球的復興基地。

中山先生撤手丟下自己創建的中國民國，已快百年了，他絕對想不到身後幾代不肖子孫，竟把一千一百餘萬平方公里國土。搞得只剩下三萬多平方公里小島，等於把「家產」搞掉九成，我們對不起列祖列宗啊！

幸好中山先

「2011 年兩岸青年學生論壇」光膺樞機（在牆上布條中「年」字正下方）於中興大學熱情接待兩岸青年學子。《教訊》329.P.70

「2011 年兩岸青年學生論壇」一行，參訪臺中市政府。《教訊》329.P.71

生心胸寬大，中華民國雖丟了大片江山，但「中國」並未丟掉，且樂見大陸的崛起，為中國奠立未來百年之世界格局。如今他老人家以「中山真人」身份示現，指引台灣子民的努力方向，警告「台灣的軍、政、經沒有獨立的本錢」，要以更開放的態度，統合大陸，納入世界，台灣才有前途可言。

「二〇一一年兩岸青年學生論壇」正以這種開放態度，提供兩岸青年學子對話和學習平台。從六月廿五日到七月二日為期八天，有七個單位共襄盛舉：國父紀念館、政大國發所、中興大學國際政治研究所及當代中國研究中心、天帝教青年團新境界、海峽尋新香港論壇組委會、行政院陸委會中華發展基金會、極忠文教基金會（也是天帝教的輔翼機構）。

活動期間特別安排兩岸青年學子，前往天帝教鐳力阿道場感受涵靜老人「中華一家」的願力。此外，也讓人進一步了解天帝教極忠文教基金會宗旨，為「三民主義統一中國」，為人類謀求和平幸福，進而達成宗教大同、世界大同的長期奮鬥目標。以下按帝教青年團開導師張光弘整理的資料，簡述幾位現代年輕人的想法。（註一六）

熊夢月（香港大學工程學院）：緣起光弘先生的一封郵件，讓「海峽尋新香港論壇」理解到對岸這個懷有「中華一家」理想，並致力於青年學生事業的組織。

有幸與巨克毅教授（天帝教巨光膺樞機）一行討論城市議題，坦誠交流雙方最真實的想法。而與李教授（維生先生）對談，擴展了我對兩岸議題的眼界。

大陸與台灣，毫無疑問是血脈相連的兩片土地。我們共享中華文化…殊途並不可怕，重點是最後我們依然能同歸。由青年人開始…

香蘭（香港大學法律學院國際人權法法學博士）：什麼是「理想」？自從第一次離開大學校園，我就似乎再也沒有考慮過這個問題了…哀大莫過於心死，最大的悲哀不是心痛，而是心不痛。

這次台灣行喚醒了我沉睡已久的感動和衝動…初到台灣，有一種莫名的親切感，就像光弘大哥說的「一種說不出的似曾相識」，那份感動是發自內心的，否則不會回到香港後，想起台灣時還常常不能自己地流眼淚…中國人自己的問題，要用中國自己的智慧解決。

孫瑩（香港大學博士生）：兩岸同宗同族，血濃於水，這次在台灣，無論是年長者，還是同齡人，他們都會說「我是湖南人」「我是四川人」…兩岸文學、藝術、影視、音樂等早有交流，所以在巴士上兩岸青年可以共曲高歌…天帝教這樣的致力於保存和弘揚中華文化。

舒鄭哲（復旦大學、香港大學學生）：真心祝福兩岸的未來，我一直都相信，未來從來都不是非黑即白，永遠都是一個未知。既然如此，不如放下成見，更多地去了解彼此。也許，未來就在你我手中，祝福中國！

熊浩（香港大學法學院博士候選人）：台上是龍應台，敍述她的《大江大海》…末了，我走到龍女士面前說：「謝謝您對大陸的寬容！」龍女士抬起頭，看著我的眼睛，愣了幾秒，一笑，點頭說「也謝謝你！」他們問我，「為什麼想去台灣？」…（註一七）

一個活動要辦「完」，我認為是不難的，時程管控好就可以辦完，公務員常說「呈閱、照辦、存查」嘛！但要辦到讓人回味、感動、流下熱淚，這是很難的，天帝教辦的活動就常有這種感人畫面。這次的二〇一一年論壇後，香港大學的香蘭博士捎給光弘開導師一封信，道出在鐳力阿道場竹廬親和時的心聲，數度哽咽：（註一八）

…雖然時間有限，行程短暫，但一個星期的相處，我得到太多意想不到的驚喜，您和天帝教同奮們的熱忱，對傳承中華文明那份使命感和責任心；對大陸青年如家人般的接待和照顧；對兩岸未來和平的那份信心，讓我經常深深的感動…

我個人可能「神緣」甚淺，五十歲前我對宗教處於「無感」狀態。之後接觸佛教並皈依在星雲大師座下，成為臨濟第四十九代弟子。因此，我並沒有機會接觸天帝教同奮，我對天帝教的理解完全來自「文獻研究」。香蘭博士這封信讓我如見帝教同奮「身影」，那是一種「意象」：**「我從您和同奮們身上，看到對信仰的執著；對事業的競業，謙卑的生活態度和對他人真誠的愛心。」**

六、中華100新境界青年論壇．回顧最初腳印向前行

天帝教青年團的校園弘法之路，和各「元老級」宗教相較，算是歷史很短的，大概是台灣解嚴後的事。由張光弘開導師在《教訊》的一篇文章，略知天帝教在校園起步最初的腳印。（註一九）

二〇一一年（民國百年）十二月廿四日，大概是帝教青年團同奮一群朋友，齊聚新店始院（天帝教發祥地），一面回顧早期校園弘教足跡，一面以「中華一百新境界青年論壇」驗收天人實學成果。

在這個論壇中，他們回顧最早弘法的校園是成功大學和台灣大學，這南北二大是台

灣高等教育之重鎮，竟也是天帝教青年團的先鋒。首先是在成大創設宗教哲學研究社（宗哲社）的光氧、敏史賢伉儷。

按光氧說，敏史同奮在民國七十六年呈涵靜老人核可，發願效法師尊宏揚　上帝真道，要在成大成立帝教學生社團，就在短短幾星期奇蹟式的成立了成大「宗哲社」，舉辦演講常大爆滿，一時聲名大噪！

敏史、光氧因奮鬥有成，曾獲涵靜老人親頒「奮鬥獎」，及提名為創社弘教有功的青年楷模。

台大的人生哲學研究社（人哲社），晚成大兩年多，於七十八年十二月二日成立。曾任台大人哲社的前社長嗣悃同奮（機械博士）回顧，八十二年十二月左右，該社的康緒為和林緒致學長，找他參加校內靜心靜坐班，當時的講師是光筆（現為開導

臺大「人哲社」22 歲社慶與天帝教新境界青年論壇合併舉行；中間著西裝者為團主任光理樞機，他左手後方為光弘開導師，緒氣開導師則在光理樞機右後方、黑板前。《教訊》334. p.121

師）同奮，他問了許多問題，例如為何祈禱？靈界是什麼？光筆的回答讓他很震撼。

嗣烱回憶，八十三年六月四日，許多來自全省大專生，前往鐳力阿道場會見師尊，這是他第一次聽師尊演講，也是最後一次，同年十二月師尊過逝了。

這些點滴構成帝教青年團早期弘教史，如今青年團的「校園」已不止台灣地區的大學校園，在大陸、香港等地各大學，也有不少身影。

時代在變，潮流在變，人不改變，大概就要打烊了；反之，能變則通，就能走在時代的前端。從帝教青年團辦活動的型態、內容，就能清楚明白帝教同奮們很有領導潮流的企圖心。例如二〇一二年七月的「大學營」，主辦

「香港行」的天帝教代表，以現任開導師居多：左一張光弘、右四林靜存、右一陳光惑；他（她）們都是不同時期的青年團棟樑。《教訊》338. p.162

蔡素玠傳道師耳提面命，讓活動呈現更完美。
當我們同一起、在一起、在一起（相見歡喔！）

林靜存閑導師強調，活動前的輔訓課程是一項重要工程。
結合知性與環保概念的自然生態高美溼地之旅。

請給 2012 年「大學不一樣～創造屬於你的大學生活」座談會，按個「讚！」《教訊》342. p.91

的青年團體指導委員會，結合知性和環保概念，來一場「自然生態高美溼地之旅」，讓這些將「登大人」的孩子們，也懂得思考這世間的問題（照片附印）。

另一個活動也在二〇一二年八月，北區新境界在劍潭海外青年活動中心，舉辦「大學不一樣：創造屬於你的大學生活」座談會。（註二〇）談的核心主題是「活化創意廣渡新世代」（見圖照）。在現代社會不論那一個領域，欲有大作為，創造大利多，開大格局，「活化、創意」是一條「黃金法則」。君不見世界各國凡有大作為的各級政府，不論在觀光、文化、古蹟、農業……勿論傳統或現代產業，都在活化、創意上面下工夫。天帝教有這種思維，確實叫人敬佩。青年團主任陳光理樞機在會中說：「我們嘗試用新的弘教模式，廣渡新世代青年。」（註二一）

回顧十五年前，一九九八年六月三十日到七月四日，由青年團主辦的「第十一屆全國大專靜心靜坐研習營」，鄧展欣在《教訊》側寫研習營的一篇短文說，本次營隊雖有三分之一的皈師率，然而個人覺得一定要更加用心加強親和其他未入帝門的學員，惟有落實「啟後」的工作，才能接續師尊「承先」的苦心孤詣，並達成為地球化延毀滅浩劫的使命。（註二二）承先可能比較容易，有了好因緣便皈依某大師座下，從此以後天掉下來了，有師父頂著；但要「啟後」，這可就難了，天帝教能在短短三十多年創建打拼，現在成為近百道場的國際新興宗教，天帝教的大未來是一片鴻圖，尤其在中國人居住的地方，其「市場佔有率」必節節升高。

我本來對台灣地區的老一輩、新一代都有些失望。老一輩已被台獨「整」得對統一沒信心，新一代又不知道「我是誰？」成為無根的飄萍。看到天帝教青年團的奮鬥精神及展現的成果，喪失的信心似又慢慢恢復，沈落的心情也在回升中！

註釋：

註一：林靜存開導師所述全文，見《教訊》第 335.336 合刊本，二〇一二年二、三月，頁一〇五—一〇六短文。

註二：《教訊》第 174 期，一九九八年八月，頁五一。

註三：《教訊》第 287.288 合刊本，二〇〇八年二、三月，頁五三—六四。

註四：《教訊》第 291 期，二〇〇八年六月，頁七〇—七七。

註五：《教訊》第 231 期，二〇〇三年五月，頁二三—二四。

註六：《教訊》第 308 期，二〇〇九年十一月，頁六五—六九。

註七：《教訊》第 309 期，二〇〇九年十二月，頁六三—六五。

註 八：《教訊》第316期，二〇一〇年七月，頁三六—三七。

註 九：同註八，頁三八。

註一〇：《教訊》第319期，二〇一〇年十月，頁四三—四六。

註一一：同註一〇，頁四七—四九。

註一二：這些論文逐月節錄重點，刊在《教訊》第321.322合刊，323.324合刊及325等各期，趣者可見其詳。

註一三：《教訊》第321.322合刊本，二〇一〇年十二月、二〇一一年元月，頁一二〇。

註一四：同註一三，頁一二三。

註一五：張光弘，「中華一百・中華一家」，《教訊》第329期，二〇一一年八月，頁六九—七二。

註一六：同註一五，頁七三—七九。

註一七：孫瑩、舒鄭哲、熊浩等三人心得，見《教訊》第330期，二〇一一年九月，頁七七—七九。

註一八：同註一五，頁七九。

註一九：張光弘，「中華一百新境界青年論壇・回首來時路唯奮鬥再奮鬥」，《教訊》

第334期，二〇一二年元月，頁一二一—一二六。

註二〇：張光弘，「活化創意廣渡新世代」，《教訊》第342期，二〇一二年九月，頁九一—九四。

註二一：同註二〇，頁九四。

註二二：鄧展欣，「落實啟後工作•不負師尊苦心孤詣」，《教訊》第174期，一九九八年八月，頁五〇—五一。

第八章 極忠文教基金會：輔翼完成「和平統一中國」

民國 81 年師尊、師母在鐳力阿道場對極忠文教基金會寄語期勉。《教訊》314. p.119

一、極忠文教基金會成立的背景：涵靜老人的願力

「極忠文教基金會」是天帝教四個輔翼組織之一，餘三者是中華天帝教總會、中華民國宗教哲學研究社和中華民國紅心字會。四者之中，我對極忠文教基金會（以下簡稱「極忠會」）最感興趣，大概因其成立的「宗旨」很特別，那通常是政府在做的工作，極忠會卻納為宗旨。因此，我閱讀數十本《教訊》，也很注意和極忠會相關的各類各家文章。

我試著把《教訊》上有關極忠會的文章整理摘錄下來，成為本章的各節內容，談不上創建，算是一些心得或閱讀箚記，這節從極忠會成立的背景講起。

由《教訊》編輯部整理的一篇文章，「兩岸學術、文化交流之鑰：財團法人極忠文教基金會」，可明確說明極忠會成立前的因緣、背景。（註一）文章雖短，但看了很感動，一個民間的小基金會（錢不多、人有限），竟敢做如此大規模的「大事業」（推動國家統一）。我以一個「外人」的身份，略加轉說，那些話也都是涵靜老人親口說的。

一九九〇年（民國七十九年），天帝教創教復興、極忠會捐助人亦即創辦者涵靜老人李玉階先生與其夫人九十大壽，各方送來很多禮金，李先生打算用來辦一件內心一直

想做而未做的事。禮金已有一仟萬元以上，可以根據教育部的規定，辦理全國性文教基金會登記。「財團法人極忠文教基金會」成立宗旨，是在發揚天帝教精神，傳佈宇宙大道，一方面發揚中華學術文化。最重要的是，天帝教復興十一年來，一再強調的「三民主義統一中國」。

文章開始的幾小段，讀之動人且還有幾分「疑惑」！民國七十九年我也快四十不惑了，但我心中盤算著若有一仟萬，先在台北郊區買一棟「不小不大」的別墅（以當時台北的物價應能買個小別墅），或先向銀行貸小部份款，自留二百萬現金，帶著愛妻乘油輪環遊世界，錢當然是自己花最重要，自己花不完再給別人也不遲啊！…

涵靜老人不是甚麼大有錢人，一仟萬元都是人家送的禮金，對老者而言這是不小的錢，他為什麼不去買洋房別墅？兩老也該好好享清福了！為何又把一仟萬元「推出去」？搞學術文教，搞三民主義統一中國！反而自己一毛也沒得花用，統一中國由兩岸政府、政黨去搞就好了，老先生何必一肩承擔？？想不通，叫人動容的是，他為何從不為自己設想？？

文章再讀下去。「三民主義統一中國」亦即天帝交付天極行宮玉靈殿殿主中山真人、副殿主中正真人三項特定任務。其中第三項任務：「迫使中共遞魂奪魄，放棄共產主義，接受三民主義統一中國。」文章到此，對於我這出身「政研所、三研組」的人，清楚明白，目前大陸已放棄共產主義，實行三民主義（政治上的事都只能做、不能說）。涵靜老人在極忠會籌備會接著說，共產主義在大陸實驗失敗，喊出「創造中國式社會主義」，老實說，溫和的社會主義就是三民主義。

八十年十二月廿六日，中央研究院舉行「孫逸仙思想與國家建設國際學術研討會」，涵靜老人在會中提議，「希望大會建議中共早日實行三民主義」。李老先生企盼環境逼迫大陸，最後能實行三民主義；那時一個國家，一個主義，兩岸自然和平統一。老先生不忘提示天帝教的兩大時代使命。

第一、化延核戰毀滅浩劫。現在世界核戰危機緩和下來，第一個時代使命目標初步達成。

第二、確保台灣復興基地，最後實行三民主義統一中國。

涵靜老人講這段話的背景，是一九九〇年極忠會成立籌會，那時世界核戰已緩和下來。但我寫本書是二〇一三年春，北韓正揚言要用核武毀滅南韓，美國亦不干示弱，聲明不排除以核武反擊，中國不會坐視美帝打到「家門口」，韓戰可能再爆，天帝教眾神、同奮們！要如何化延？比上天難啊！

涵靜老人的這篇短文最後說，極忠會未來要針對此一目標做學術交流，使兩岸能在學術、文化多接觸，發生影響力，為國家、民族多做一些有積極意義的事。李先生以創辦人的身分，主持籌備會，將依照教育部規定提出申請，等到許可設立後，即在台北舉行正式的成立大會。

如此的簡述已能理解極忠會成立背景，那是涵靜老人一生的大願力，他一生從不為己設想，人家送來九十大壽的禮金，他又捐了出來，成立一個基金會來推動「三民主義統一中國」。現在，具有這種大願力、大使命感的中國傳統知識份子，要去那裡找？

二、解開「極忠會」面紗：宗旨任務．履踐天命

我是佛教徒，深信因果；天帝教也講因果（因為天帝教也認同佛教，天帝教道統第五十三代天鈞教統御五輔宗，佛教教主佛陀為其一，詳見第一章。）。是故，佛教和天帝教可謂「一家人」。

「因」有遠因、近因、因後還有因，這世推不出因，可推到前世、來世及更久遠之世因。如同我在思考涵靜老人成立「極忠會」來推動中國之和平統一，從九十大壽那篇講話可知道一些「近因」的背景，卻難以理解較久遠的「遠因」。黃敏書的一篇文章，

「以九秩華誕為核心。本師奮勉履踐天命」，可以解決我心中一些疑惑。（註二）「天命」者，先天生來的命，前世未了的大業，這世必須奮鬥完成的任務。

黃敏書撰文為使人瞭解極忠會宗旨和任務，欲解開極忠會面紗，這「面紗」應是外界不易理解的「天命」部份。極忠會成立於八十一年元月十九日，是帝教世尊、坤元輔教以「九秩華誕」為核心意義而創設的組織。黃敏書在文中先提到涵靜老人於《天聲人語》的八十歲自序說，他（指涵靜老人）回憶民國廿四年時，蒙上靈清虛宮主指示（一首詩）：**「極北極南一元天，初度人間數十年，勸君早把舵把穩，普濟蒼生過前川。」**又贈詩曰：**「極生老翁壽千秋，初度花甲再半籌，那時果滿長吉慶，一路榮華到白頭。」**老人理解這首詩，分明是說壽登「九十」。

民國七十九年涵靜老人九十歲，以九秩壽誕禮金成立極忠會，到八十三年回天繳旨時九十五歲，人間九十年是李先生領命下凡救劫的預定年程，後五年純粹是「天命」，這是黃敏書的詮釋。

但我以為，涵靜老人的人間九十五年都是天命，他「領命」下凡救劫就是「領」了九十五年的「天命」，任務就是救劫。黃敏書把涵靜老人世壽九十五年區分為二，說「人間九十年」是預定年程，後五年才是「天命」，似有不通，因為後五年也在人間。

因為涵靜老人世壽九十五年都是天命，所以他從民國十九年（三十歲）以身許道，至民國七十九年（九十歲）頒發第一屆「宗教獎」是天命任務。（註三）之後的五年所作，皆是天命！民國七十九年三月廿九日，涵靜老人在天極行宮接受全教同奮祝賀九秩雙壽時，公開發表三願可視為他的未完天命，也是天帝教使命，尚待全體同奮持續奮鬥：（註四）

第一、完成金關保台方案，達成玉靈殿三大特定任務。

第二、實現兩岸和平統一，以三民主義之精神與台灣經驗重建新中國，開始三民主義救世界之新運會。

第三、天帝宇宙大道普化地球五大洲，首先照遍中國大陸與東北亞。

涵靜老人這三願，其第二願「以三民主義之精神與台灣經驗重建新中國，開始三民主義救世界之新運會」，重點在「三民主義」和「台灣經驗」。按我研究三民主義數十年，取其精神尚可，但部份則不可行，如民生主義中土地政策的「漲價歸公」、五權平等分立，台灣實驗了幾十年都仍在「理論」上打轉。土地若能做到漲價歸公，大都會土地就不會有「天價」，然而這個問題大概全世界只有北韓能撤底解決，這也證明中山先生的「漲價歸公」只是一個不能實現的理想，如同共產主義的好聽，真要幹下去，後果不堪設想。是故，中山先生的「民族、民權、民生」經國民黨詮釋成「自由、民主、均富」是很吸引人的理想，可比美法國「自由、平等、博愛」和美國「民有、民治、民享」，當成一種精神追求。用天帝教的語言表述，即是「奮鬥、平等、大同」。

目前極忠會和北大合作之「孫文論壇」，接受北大建議擴大研究基礎後，已和中國社科院近史所達成共識結合辦理，可連結大陸全國性孫文學會，集眾之力擴大影響範圍，共同完成天帝教時代使命「和平統一中國」，其名就不必在我。

涵靜老人早已說過，台灣的前途在大陸，天帝教的前途也在大陸。要完成中國再統一是何等重大工程？開創廿一世紀和平安定繁榮的台灣是何等要緊？豈能不「前進大陸」好好幹！光在台灣這「小池塘」內搞鬥爭何用？

三、「極忠會」落實了那些實務工作？

「極忠會」成立的宗旨，在輔翼完成「和平統一中國」，這是天帝教在人間復興最重要的時代使命。事實上，這也是廿一世紀前期所有中國人追求的大目標，我相信有無數的有心人、無數各種團體，從各層面、各領域，在推動這個大工程的完成。

「極忠會」做為天帝教的輔翼機構，自然要在這個大目標之下，選擇適合的屬性，落實到實際性的工作上。據我閱讀數十期《教訊》，極忠會真是做了許多工作，不少事情以「極忠」之名推行。僅以近幾年來極忠會推動的工作，略說幾件。

△獎助宗教學術研究同奮

此項獎助很早就有，以《教訊》二八四期報導為例簡述。（註五）為鼓勵有志清寒同奮及子弟，從事宗教學術研究，極忠會修訂獎學金辦法，共有四類七種可供同奮申請，這是最直接培養人才的方法，未來「帝教龍象」必由此出。新辦法分為修道、研究、清寒及深造研究四類。鼓勵宗教學術研究方面，對象包括研究學院正期班和中國道學研究所碩、博士班學員。

按二〇〇七年十月十九日，極忠會董事會決議通過清寒獎學金有：黃崇修（東京帝大博士班），大專組有三人，陳佩騏（美和技術學院）、蔡曉玟（台北市立教育大學）、吳彥毅（國防醫學院）。高中組林秋融（慈濟大學）。

此外，天人研究學院依據學術研究合作計劃，推荐中國道學研究所研究生到北京大學道學研究中心深造，也可由天人研究學院推荐申請，都有豐厚的獎學金。

△「極忠講座」弘揚中華文化（註六）

極忠講座是維生先生為紀念涵靜老人李極初先生、坤元輔教過智忠女士，一生弘揚中華文化、追求中國和平統一的精神，於二〇〇六年（民國九十五年），在北京大學設立的文化講座。我並不了解這個講座每年辦了多少活動，以黃敏思在《教訊》第二八四期這篇文章為準，第二屆極忠講座「海峽兩岸心性之學」系列座談，二〇〇七年十月廿七、廿八兩天在北京大學舉行，由北大哲學系、北大道學研究中心與天帝教天人研究學院、極忠會共同主辦。

維生先生以極忠會董事長身分致詞，表示我們由一屆、二屆到一百、兩百屆不斷的辦下去。這次講座有三個重要主題：宋光宇教授主講「心性之學在廿一世紀的復興」、陳鼓應教授主講「道家性情論」、許抗生教授主講「道自然自由和諧」。

△從「宗教獎」到「涵靜老人獎」（註七）

民國七十九年十二月廿三日，是天帝教復興十週年紀念日，涵靜老人時年九十歲成立「宗教獎」。是日，在天極行宮頒發第一屆得獎者計有：宗教大同獎（道教總會高忠信理事長）、宗教學術獎（中央大學王邦雄教授）、宗教服務獎（慈濟功德會證嚴法師）三獎項。

民國八十一年十二月十三日，頒發第二屆「宗教大同獎」，對象是天主教馬天賜神父。此後的十六年，未曾再辦，原因不詳。直到二〇〇八年極忠會第六屆第四次董事會決議續辦，「宗教獎」更名為「涵靜老人獎」，並將永續經營，使成宗教界的「諾貝爾獎」。董事長維生先生期許，放眼世界性的宗教融合與會通，才能彰顯所要表達的意義。

另有一些活動是極忠會和別單位合辦，如「第二屆孫中山思想研討會」是極忠會和天人研究學院合辦；「第三屆涵靜老人講座」亦是這兩單位聯合主持。極忠會有多大能耐？恐尚未「見底」！

「極忠會」成立至今已二十多年了，從成立前的背景、籌備經過，至今其實辦過的大事可以「豐功偉業」形容，可以寫成一本大書，自非本書幾篇短文可以說清楚。除了兩岸工作，也邀請國際學人來訪，如美國賓州天普大學宗教學院教務長史維勒博士，凡此種種均尚未細說。

「極忠會」副秘書長黃牧紅女士有一篇長文，「極忠文教基金會慶雙十。踵武本師終極願力使命」，可以詳知極忠會的發展史，趣者深值一閱。（註八）

蔣緯國將軍（左）與涵靜老人親和交流。

各宗教在鐳力阿道場舉行「宗教對談」，第 1 排有涵靜老人（右 5）、史維勒教授（右 6）、梅可望校長（右 7）、馬天賜神父（左 6）。《教訊》338. p.130

對於「極忠會」這個帝教輔翼，我不知如何論述！以黃牧紅那篇文章的最後小段做小結，二十年來，在歷次董事會中形成對「極忠」的使命共識：「廿一世紀是中國人的世紀，中國人的世紀的基礎是中華文化，尤其是中華文化裡的『道學』。這是『極忠』核心任務。也是涵靜老人交付給『極忠』的中心使命。」

四、上海華東師範大學「涵靜書院」

看到「書院」二字，內心就感到歡喜，因為這兩個字散發著「中國」式的意象，幾千年歷史文化的意涵就在這兩個字中。「極忠會」要建立兩岸「學術大橋」，有各種多元途徑，但我忖思「書院」是典範性代表，

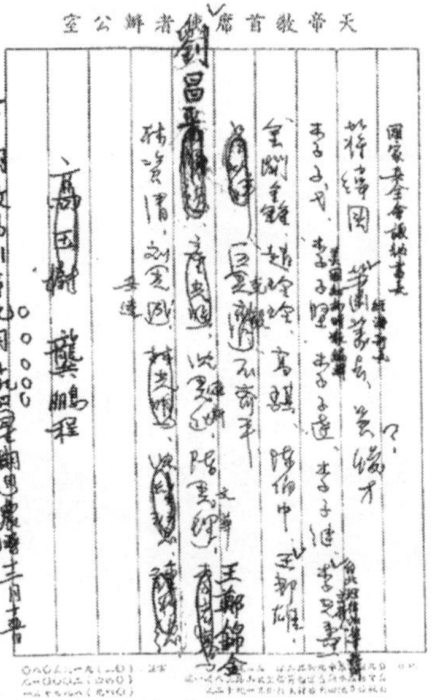
天帝教首席使者辦公室

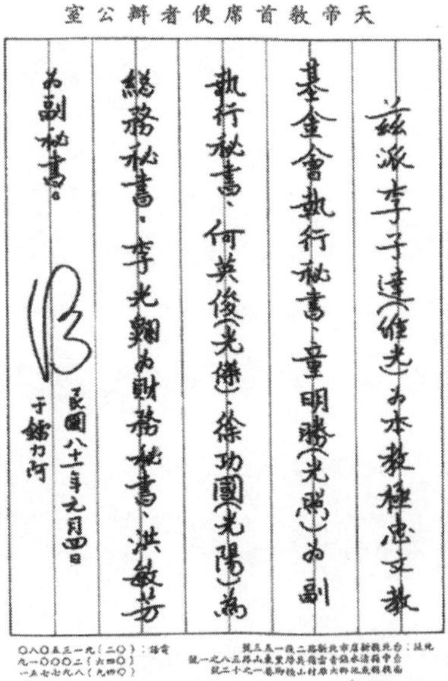
天帝教首席使者辦公室

茲派李子達(維光)為本教極忠文教基金會執行秘書、童明勝(光陽)為副執行秘書、何英俊(光傑)、徐功國(光陽)為總務秘書、李光翔為財務秘書、洪敏芳為副秘書。

民國八十一年九月四日

手諭 力行

右圖：「極忠」籌備期間，涵靜老人提董事名單。
左圖：「極忠」秘書處人員手稿。《教訊》338.P.132.

我並未統計天帝教與多少兩岸大學有書院式的合作，此處僅以上海華東師範大學「涵靜書院」為例，略為轉說。（註九）

天帝教第二任首席使者維生先生（李子弋），也是目前「極忠會」董事長，他詮釋廿一世紀是中國人的世紀，就是老子說的「道莅天下」的世紀，這個道莅天下的殷志要從「涵靜書院」散發出來。

二〇一二年（民國一〇一年）十月廿三日，涵靜書院在上海華東師範大學揭牌，以極忠會名義開展兩岸學術、文化交流，及傳承中華文化和培養人才的重責大任。

儀式由極忠會董事長李子弋先生主持，與會者有極忠會董事、學者代表、教授多人。以下節錄重要幾家對成立書院的意義和期許。

△李子弋先生（極忠會董事長）致詞：

六年前就選定在上海華東師大，我認為我必須生根在我的母校，所以就跟潘德榮教授商量，把我父親的名字涵靜兩個字，留在華東師範大學，成立「涵靜書院」。

這是一粒豐實的種子！我父親參加五四學運，是當時上海學聯的代表，也是當時中國公學的學生代表。我的父親是在上海成長，一生研究宗教哲學。所以我想把我父親的

涵靜書院在揭牌儀式結束後，接著舉行：「中國傳統文化與現代社會學術座談會」。

「涵靜書院」在華東師範大學成立，前排中間坐者為創辦人李子弋（維生先生）。

成長、感情，與他在中國文化上研究的成果留在上海。建立涵靜書院在華東師範大學內是一舉兩得…

我希望透過涵靜書院做為整體的中國文化、學術、哲學，一個匯流的管道，這個管道擴大為中西學術交流的中心。我一貫的認定，廿一世紀是中國人的世紀，就是老子說的：道蒞天下。道蒞天下的世紀，這是成立涵靜書院的意義。

△潘德榮教授（華東師範大學涵靜書院院長）：

書院的成立對於促進兩岸的和平統一，學術交流合作，具有深遠的積極意義…華東師範大學哲學系與台灣極忠文教基金會合作已久，在此之前已有多次的交流和合作，並在此過程中建立了深厚的友誼與相互信任。

在二〇一一年我們開始商討進一步深化與擴大我們之間的合作事宜，雙方同意長期以來合作交流與諒解的基礎上，於二〇一二年在華東師範大學哲學系建立涵靜書院，透過教學究研推廣中國文化，以促進海峽兩岸相互理解，以世界和平為目的。

△童世駿教授（華東師大校務委員會主任）

身為師大最高負責人的童教授，他是涵靜書院落根師大的主力推手。他在揭牌典禮上指出華東師大在大廈大學和光華大學的歷史精神基礎上發展，成為現代全國十六所重點高校之一，他說：

「李子弋老先生是大夏大學的老校長、老學長，他充份代表著大夏大學的精神、傳統，非常生動的為我們傳遞，尤其是支持高等教育，高等學術研究的這種方式，來延續大夏大學的文脈、整個中華民族的優良傳統。李子弋老先生，更樹立了身體力行民族傳統的一個榜樣，使我們中華民族共同的家園愈來愈溫暖、溫馨，祝福涵靜書院順利。」

△周山教授：

涵靜書院是我們長江文化復興的一個能量，從涵靜老人到現在一百年了，在這一百年已完成文化傳移、傳道的使命，所以涵靜書院在這種背景下成立。涵靜、虛靜在中國文化中，能夠帶領當代長江文化的新特點，進一步弘揚。

△**宋光宇教授：**

我們看時代的歷史書院，都是在這種大時代、大變動中聚合起來，今天成立涵靜書院，是否也可以以我剛講的那種風氣延續下來，因時代變動很快，超出我們的想像。我們是中國文化的基礎所在，傳統文化可以與現代科學做一個結合，如果往後讓全世界的學者，都可以來這邊論道，這樣我們書院的形成，把台灣反省時代的書院結合起來，可以讓傳承更加久遠，也符合涵靜老人當年期盼人文、科學、宗教的理念，今天我們如果能做到這些，未來應該在歷史上可以留下值得記憶的一頁。

△**王蓉蓉教授：**

在一個很好的機會與李子弋先生結緣，他那種為推動兩岸學術交流，又要把中國文化推向世界的精神，我非常感動，覺得應該向他學習，然後做些事。李子弋先生常說他在與時間競爭，他要在還有能力的清況下，儘量多做點事。我認為現在成立「涵靜書院」是一件很有意義的事。師大哲學系是開放的，充滿活力的，而且不受傳統的制約。

「極忠會」為積極推動兩岸文流，加速兩岸整合，以完成和平統一的大目標，致力的對象並不止在大學的學術交流。從黃牧紅的「極忠會發展史」長文，可以看出中國文聯、省文聯、電影、個人藝文贊助等，極忠會都盡其所能主辦、協辦，深化交流。辦這麼多事，須要很多錢，潮流的轉變給極忠會帶來很大困難。例如成立之初，一仟萬元中，六佰萬以固定利率定存，四佰萬元以機動利率，民國八十二年利息收入尚有八十二萬多元，到民國百年慘息收入竟只有十一萬餘元，不足者多是董事們捐助，這是涵靜老人的大悲宏願感召所致。而眾人之願力，是為中華民族，為兩岸經由交流達成和平統一。

以黃牧紅在文末引英國哲學家湯恩比的話為小結：廿一世紀是中國人的世紀，廿一世紀的社會，非常紛亂複雜、極度不安定，能解決社會亂象的只有「中國孔孟學說和大乘佛法」。

註釋：

註一：《教訊》第 314 期，二〇一〇年五月，頁一一八—一一九。

註二：黃敏書，「以九秩華誕為核心。本師奮勉履踐天命」，《教訊》第 294 期，二〇〇八年九月，頁七一—七四。

註三：同註二，頁七二—七三。

註四：同註二，頁七四。

註五：黃敏書，「獎助宗教學術研究同奮。極忠文教基金會訂新法」，《教訊》第 284 期，二〇〇七年十一月，頁五二—五三。

註六：黃敏思，「重新認識諸子百家，撫平動蕩時代生命」，同註五，頁五四—五六。

註七：《教訊》第 294 期，二〇〇八年九月，夏六九—七〇。

註八：黃牧紅，「極忠文教基金會慶雙十。踵武本師終極願力使命」一文分上下刊出。上半篇見《教訊》第 338 期，二〇一二年五月，頁一二五—一四一；下半篇見第 339 期，二〇一二年六月，頁四六—六五。

註九：「涵靜書院——上海華東師範大學揭牌啟航」一文，見《教訊》第 345 期，二〇一二年十二月，頁八六—八九。

第九章　「宗哲社」與「中宗所」交流廿三年

存同求異宗教大同
《教訊》314．P.109

一、大陸時期的「宗哲社」

天帝教的四個輔翼組織中，「中華宗教哲學研究社」（本章以下行文都簡稱「宗哲社」），是最有歷史性的一個。按宗哲社是在民國廿二年十二月三十一日，在宗主（天德教教主蕭昌明）指導下，涵靜老人成立於上海。算一算，至今（二〇一三年）已八十年歷史了。回顧八十年前，李先生是三十出頭的年青人，何種因緣要成立宗哲社？《天帝教簡史》一書在民國十九年（一九三〇年）有如次記載。（註一）

> 師尊聞南京二郎廟芙蓉照相館來一高人，遂於某星期日晚自上海乘京滬鐵路夜車赴南京，翌晨抵下關，進城直奔芙蓉照相館，甫進館門，未經通報，遽遇本教道統第五十四代天德教主蕭公昌明，蕭公曰：「玉階，你來了。」師尊不勝驚服，當即皈依天德教主，蒙賜道名「極初」，師尊從茲以身許道，以創辦上海宗教哲學研究社為己任。

這只能以「奇緣」名之，民國十九年時，南京宗哲社經佘子誠、樂一鴻、茅祖權諸子兩年多籌備，於廿一年（一九三二年）冬成立。李極初亦在上海邀請大慈善家王一亭（震）、上海市總商會會長王曉籟等發起，籌創上海特別市宗教哲學研究社及東方精神療養院。

民國廿二年（一九三三年）冬，上海宗哲社奉准設立，李極初先生恭迎教主及眷屬蒞滬，主持光殿開光典禮，奉天帝敕賜殿名為太虛殿。十二月卅一日舉行成立大會，承市長吳鐵城先生親臨主持，上海申報、新聞報等廣為傳播，化風所及，此後蘇州、江陰、長沙、漢口、杭州、蕪湖各地宗哲社相繼成立。《天帝教簡史》一書，對大陸時期宗哲社活動記載甚少，但在峽西省宗哲社較有明顯活動，如民國廿七年修建祈禱「抗戰最後勝利法會」等。

《教訊》上有關大陸時期宗哲社的文章亦不多，維生首席在宗哲社第十屆會員大會演講，略述往昔那段歷史。（註二）宗哲社成立的年代背景，正是我國訓政時期，不能以天德教名稱建立弘教據點，如當時的同善社、萬國道德會、紅十字會等本土宗教團體，都不以宗教之名成立。宗主想用「天德社」成立，亦未獲准，李玉階先生概然承擔說：「我負責在上海成立宗教哲學研究社」。

上海宗哲社成立後，南京、蘇州、杭州、西安等相繼成立，幾年間全大陸有數十個宗哲社。可惜民國廿五年發生「天德教江山事件」，全國六十四個宗哲社被迫關閉。唯一可以正常運作社務的只有西安宗哲社，直到三十五年止，是僅存的一塊招牌。

何謂「天德教江山事件？」在《教訊》上從未有文章提到，只好求助電腦，鍵入「天德教江山事件」七字，得出若干解釋，原來天德教用東方精神療養院、氣功等為人治病（詳情如何待查、網路東西不太可靠）。可能因此而受到政府過度關注，且當時已是國難當頭，倭人就要「三月亡華」了！

抗戰勝利後，李玉階先生回到上海，他心中掛念著宗哲社要繼續維持運作。他心中有很強烈的天命感和責任感，牢記著蕭昌明大宗師親自把宗哲社招牌交付給他。後來時局巨變，全家渡海來台，宗哲社在海峽兩岸竟停擺了三十年，直到民國六十七年才又「復活」公開運作。

二、宗哲社准台灣恢復與涵靜老人的大會講話

一九四九年國軍部隊「轉進」台灣，政府播遷到這南蠻小島，無數的人驚魂未定的暫時有個停腳處。但沒有人知道明日何在？要往何處去？若台灣又不保，將往那裡逃？幸好，天佑台灣！「血洗台灣」沒有成真，往後還開創了「台灣奇蹟」。如此的「好命」，只能按涵靜老人說的「天命仍在蔣公」詮釋之，不然如何解釋呢？若無　蔣公（他現在是中正真人），台灣那有今天的繁榮？

世間利弊好壞都是相對的，要保住一個好，可能要面對一些負作用。為保住台灣，安定軍民，就得「掌控」局面，戒嚴幾十年，難免有不少受害者，現在還有很多人以此抹黑兩蔣，那是無益無用的。拿美國號稱「民主典範」，第二次世界大戰對日宣戰，就把所有日裔美人

修持的第一步，首重反省懺悔。《教訊》314. p.108.

（已經是美國人了）全部抓來關在一起。（注意！只是抓來關在一起，不是牢房。）這是很嚴重的，但為大局著想，只好犧牲他們，因為他們雖已是「美國人」，卻是「日裔」，日本是他們的祖國。

也因為這種統治者必須為大局設想，台灣戒嚴數十年，涵靜老人要恢復「宗哲社」的機會，一直等到民國六十五年。這年二月，涵靜老人先成立「天人研究基金」，這是在台灣恢復宗哲社的前身。民國六十六年十一月三日，奉內政部台內字第七四五二八三號准予成立宗哲社（准台灣恢復）。民國六十七年元月十五日，涵靜老人在台北親自主持「宗哲社」的成立大會。在會中，涵靜老人有一篇重要講詞，歷年《教訊》多次刊載，略引其重點如下。（註三）

△科學宗教俱受考驗：西方文化的末路

二千多年前，莊子曾憂慮「道術將為天下裂」；今天的西方學者們，也深深憂慮，西方文化的偏激進展，正逐漸走向衰落甚至毀滅的末路。他們紛紛指出：當前這個世界，一切價值均在變動，一切準則都在破壞，心裡的、道德的、美感的，以至於社會的種種無政府狀態，隨處可見，危機已充滿在科學、哲學、宗教、倫理、法律甚至藝術中。

△上帝已死？人也是？

今天，正當「共產上帝」滿身血污而死。尚待埋葬的時候，我們聽到，一位西方心理分析家弗洛姆語重心長的話，他說：「十九世紀的問題，是上帝已經死了。二十世紀的問題，是人也死亡了！」他又說：「過去的危險，是人變為奴隸；未來的危險，是人變為機械人！」……

先總統蔣公在《荒漠甘泉》中指出：「我們在這科學文明進入太空時代的今天，格外要追求真理，宣揚宗教，來喚醒人類的心靈，解除魔力的束縛，以求得全人類的自由，和整個世界的永久和平。」

先總統蔣公在這段裡，剴切指示我們，必須奉為圭臬，全力實踐。

△我們的目標、追求、最終理想

我們的目標：使宗教哲學和科學研究相結合，就是要用科學方法來研究和整理宗教哲學，用宗教精神來溝通和促進科學發展，以期達成心物合一。

我們的追求：基本上可分兩方面：在消極方面，是為宗教哲學與神學探尋科學的依據。例如：「敬 上帝」、「信神」、「祭祖先」，究竟是根據什麼？又能達成些什麼？從而破除迷信，建立正信，從學術上創造宇宙的生命，而不是毀滅。在積極方面，我們要求科學培養宗教精神，以期科學不誤用和濫用。從學術上增進人類的生活，而不再是危害。

我們的最終理想：通過客觀的、正確的、系統的研究與探討，所獲致的結論，終將促進宗教大同、世界大同和天人大同，最後最高境界的實現。

西方文化的沒落毀滅，解藥在東方中國的孔孟老莊諸子。這個命題在地球上已經流行了一百年，被東西方思想家、宗教家也論述了一百年。我也相信這個說法，但半個世紀來（從我高中時代讀存在主義開始），卻只說「解藥在孔孟」，但孔孟諸子已死了二千多年，無數的人論述他們的思想，眾說紛紛，沒有「火車頭」，沒有一個「孔孟基地」；若有，在學界易成「學派」，大家都不服。在政府、易成官僚，光做些官樣文章，用處不大。

直到這幾年我讀天帝教《教訊》，領悟到原來天帝教是「孔孟基地」，是「中華文化的火車頭」。從涵靜老人的宗哲社演說內容，原來不僅救當代中國的和平統一，就是救西方文化的沒落或毀滅，固然解藥在孔孟，但「藥廠、藥店、用藥方法等」，都在天帝教，這世界欲得救，應使天帝教先成為「中國國教」，再進而成為「世界教」，則全人類甚幸！

三、宗哲社第十屆社員代表大會及反思

自宗哲社於一九七八年（民國六十七年）在台灣地區恢復，到二〇〇六年（民國九十五年），忽忽過了快三十年了。此期間，宗哲社鐵定是做了很多事，辦了無數活動，只是手上沒有任何可用資料，也就難知其詳。但盧靜子有一篇報導宗哲社十屆社代會短文，「提高宗哲社能見度。發揮更大影響力」，可以略知宗哲社在做些什麼及碰到什麼難題？發展上有何困境？（註四）

這篇短文從主題標示已道出宗哲社發展至

附錄：中華宗教哲學研究社第十屆理監事名單

《教訊》268. P.62.

●**理事長**：巨克毅

●**理事**（二十七人）：李子達、童明勝、巨克毅、陸朝武、何英俊、林琦敏、王邦雄、曾昭旭、陳伯中、趙玲玲、李豐楙、黃萬福、高騏、蔡哲夫、呂宗麟、林火旺、李顯光、蔡輝彥、楊秋忠、鄺芷人、鄭志明、蕭登福、劉見成、梁忠科、劉劍輝、呂賢龍、邱文燦

●**候補理事**（九人）：吳丁連、洪英輝、楊憲東、柳澄昌、王貴芳、謝文煌、梁淑芳、金城、賴文志

●**監事**（九人）：何瑞謨、蕭玫玲、林助雄、郝寶驥、廖金練、蔡文雄、劉金火、謝秋燕、賴添錦

●**候補監事**（三人）：劉垣男、徐功國、蘇俊丞

●**秘書長**：李顯光

當前（二〇〇六年止），所面臨要改善的難題，是能見度不足，故須提高能見度；影響力太小，故要發揮更大影響力。當然這篇文章只是盧靜子檢討二〇〇二年以來四年成果，可視為此期間的難題。

該文中宗哲社秘書長李顯光先生（光光開導師）報告過去四年工作成果，包括每年一次的學術會議、傳播出版、親子讀經班和「華山書院」活動等。這些工作算不算多？有多少影響力？其實很難評估，例如兒童讀經班是一種「播種」工作，要等發芽、成長，產生影響力，是幾十年後的事。更何況，有的也沒有機會「發芽、成長」，有的發芽後途中「掛了」，有的成長了但走上別路。

「能見度、影響力」雖難以評估，倒也還有「通俗測量法」，那就是「人潮」，商場、學界、政壇及任何團體，有些道理是相通的，「人潮就是錢潮」。其實「人潮」也是力量，人潮就是能見度，人潮就是影響力。而如何帶來人潮？如何吸引人潮？又如何運用人潮？相信這是一門「天大的學問」，相信絕非書生之筆能道其妙處，涵靜老人一定知道其中神奇妙道。

該文也提到帝教出版品欠缺有效推廣計劃和行銷通路，這其實也是全台灣各種出版品的共同困境。現代社會的產品流通之所以稱「行銷為導向」，就是說誰有「通路」誰就能行銷，產品就能賣得出去。而台灣的出版市場，有力量的大財團已掌控了全部通路，幾乎所有小出版社不是打烊，就是在「生死存亡」的關頭上掙扎，放眼全球也好不了那裡！各種「恐龍」掌控通路，佔領市場，吃遍天下，能吃的連骨帶肉全吃了，剩一點「湯水」，其他小生物爭相搶食！

宗哲社是帝教的輔翼組織，並非營利單位，帝教出版社和出版品也不同於民間營利企業。但不表示不受行銷法則的制約，因為要把「兩岸交流、和平統一」巨大產品，向台灣、大陸地區乃至全世界的中國人行銷，更須要行銷人才的專業技術，這是一個自我行銷的時代。

長期以來宗哲社作為宗教會通的平台。（註五）維生首席在宗哲社十屆社大會，也檢討了從民國六十七年到九十五年做的工作，這一路走來，雖稱不上幹了多少「豐功偉業」，但一步一腳印讓人很感動。尤其三教聯誼（天帝教、一貫道、軒轅教）和前進大陸，都是一種「春秋事業」，是一種對中華民族負責，對自己的列祖列宗負責，對歷史文化負責的春秋大業。相信廿一世紀前期內，中國必完成和平統一，那時宗哲社的招牌已掛在神州大地各省區，那時可以告慰涵靜老人說：兩大時代使命已完成一項，另一項不久也將完成。

四、「中國社會科學院世界宗教研究所」與宗哲社交流18年

中國社會科學院世界宗教研究所（以下行文簡稱「中宗所」），是大陸成立最久的宗教學術研究機構，至今已半個世紀。從中宗所張新鷹博士口述的一篇文章，可以略窺「宗哲社」和「中宗所」交流十八年的成果。（註六）

張新鷹，北京市人，一九五二年生，一九七七年十月進入中宗所，三十餘年來歷任中宗所各職，一九九二年開始和天帝教宗哲社有交流，二〇一〇年五月天帝教天人研究院授予宗教哲學博士學位，這是宗哲社在兩岸宗教文化交流上的典範，以下按該文簡說經過。

一九八九年五月，李子弋教授到北京出席「五四」運動七十週年學術研討會，順道訪問中宗所，張新鷹第一次和李子弋見面，李向張介紹天帝教及涵靜老人李玉階先生的生平和思想。

一九九二年李子弋教授取得國台辦支持，由宗哲

光照首席（中）欣慰的替張新鷹博士的博士帽穗往右移，正式完成頒授儀式《教訊》315. p.20.

社和中宗所在西安聯合主辦首次宗教學術研討會，對大陸或張都是開創性的交流，張在會議中提出的總結報告受到兩岸重視，從此兩岸宗教學術交流漸入佳境。

從一九九二年起，每兩年在大陸舉辦一次宗教學術研討會，成為中宗所和宗哲社固定合作項目。到二〇〇八年舉辦第九次，第十次於二〇一〇年七月在湖南召開，至今已延續十八年之久，成為兩岸交流的「品牌項目」。

一九九五年起，宗哲社每兩年在台灣舉行一次涵靜老人學術研討會，到二〇〇九年已是第八次，中宗所各學科學者來台參與盛會，歷年已有三十多人次出席。通過歷次研討會，中宗所學者和李子弋教授、巨克毅教授等宗哲社負責人，以及大批台灣學者結下了深厚的友情。

光照首席（中）、張新鷹博士（左）與「2010 年涵靜老人講座」主持人巨克毅博士，一起著博士服，為涵靜老人 110 歲誕辰紀念，網羅難得歷史紀錄《教訊》315. p.21.

二〇〇四年，社科院批准宗哲社秘書長李顯光先生，到中宗所擔任兩年訪問學者，李完成了《混元仙派研究》專著，他多次表示，這是他個人靈命實現階段性轉型的標誌。在此之前，社科院曾邀請宗哲社理事長巨克毅教授到北京講學，邀請陸朝武先生到中宗所任訪問學者。

回顧這十八年來中宗所和宗哲社交流，張新鷹為台灣有一群追尋中國文化的仁者而鼓舞，追求溯源是涵靜老人創議之功，如同他把「和平統一」作為天帝教教義和內涵，我們只要尋著老先生足跡一路前進，就一定會到達目標。以張新鷹獲頒榮譽博士學位儀式中，他的口述文章最後一段小結。（註七）

> 我將以今天的儀式為新的開始，為繼續推進同中華宗教哲學研究社和台灣宗教界、學術界的學術文化交流而盡心竭力，抓住兩岸關係走向平穩發展的難得機遇，做好自己應該做的一切，不辜負兩岸幾代學人的心願、不辜負兩岸民眾的期望、不辜負歷史的囑託。

到底天帝教宗哲社的大陸拓展情況如何？多深多廣？我並未深入去研究。但從張新鷹博士的文章，他也提到，宗哲社與大陸的學術文化交流呈現出不斷拓展、不斷深化的態勢；交流對口單位，遍及大陸多所高校和科研機構；交流範圍和內容已經不限於宗教學術研究，正向中國傳統文化的諸多方面，以及有關宗教修為的實證領域延伸。這在十八年前是難以想像的。

的確是世事難料，很多事也難以想像。但有個最基本的道理，十八年前若不下種，這中間不斷努力經營，那有今天的「難以想像」，就因果論來說，不難想像，種瓜就得瓜，種豆就得豆。台灣有這群「種瓜、種豆」的天帝教同奮，真是台灣甚幸！中國甚幸！中華民族甚幸！

對於張新膺，乃至李子弋、巨克毅等學者，其實我一個也不認識，我亦非天帝教同奮，我只是感動於他們文章所述、演講的情意表達及其所作所為，終究是有一群人在為我們國家的和平統一而努力。完全不同於那些搞分裂又謀私利的政客嘴臉，讓人覺得台灣是有希望的。

五、宗教聯誼與會通：中華衆神齊聚一堂

宗教聯誼與會通除了是涵靜老人的心願，由此通往宗教大同、世界大同和天人大同之「三同境界」。再者，這也是天帝教必須要進行的工作，因按天帝教教義，信別的宗

教仍可信天帝教，且天帝教的　上帝統御人間各大教派（詳見第一章），即如是，天帝教自有與其他宗教聯誼會通的責任。

但此項聯誼會通僅限中國人社區的「多神教」信仰，其成效較佳，原因是中國民間信仰諸神各教派大同小異，以關公信仰為例，儒、道、佛三教都信，其他數百民間信仰神祇大多各教派可以接受。（註八）中國民間盡管有許多教派，但都受中華文化涵養，各教派基本上是「一國的」，相互之間處於「夥伴關係」，頂多是「夥伴競爭關係」，是朋友，不是敵人。

各宗教代表（左起）軒轅教首席護法何子明、天理教秘書長馮悟敏、天帝教總會理事長童光照、天德教胡福林、天道學院院長洪禎甫、玄門真宗秘書長劉政安等，均期許結合各教力量，影響社會國家。攝影／楊靜則《教訊》279. p.35.

而西方「一神教」（基督、天主、伊斯蘭、猶太等教），只承認「我的神是宇宙間唯一真神」，其他當然是「邪魔歪道」。是故，教派之間是「零和遊戲」，是生死決戰，是敵我關係。如此，要怎樣聯誼？要怎樣會通？一千多年來安拉的世界和基督的世界，唯一的「會通」是攻擊！攻擊！再攻擊！把對方消滅！

如今有天帝教率先出來做宗教會通，或許數百年後安拉的世界和基督的世界有了真誠聯誼，那時就是「宗教大同」了。本文舉兩例天帝教進行的宗教聯誼和會通，仍以「中國民間信仰」各教派為主。

第一例是二〇〇七年（民國九十六年）元月廿七日，在天帝教鐳力阿道場所舉行，「第五屆蕭大宗師哲學研討會暨九十六年度第一次宗教聯誼會」。（註九）這次聯誼會共有軒轅教、天理教、天德教、天道總會、玄門正宗、一貫道，六個宗教參與盛會。由天帝教總會敏悅秘書長主持，總會理事長即第三任光照首席使者代表致詞時說，每個宗教都有其時代使命、修持法門、教義，我們發揮宗教聯誼力量，影響社會、國家、世界。

軒轅教首席護法何子明先生說，我們感覺自己很渺小，但融合各宗教後，便可以發揚中華文化。

天道總會代表洪禎甫先生甫任天道學院院長，他先講

天帝教總會理事長陳文華（光理樞機、第一排右七）、黃淑冠科長（第一排右六）、宋光宇教授（第一排右五）與出席座談會十大宗教領袖及代表們合影（二九五期封面）《教訊》295. p.89.

理學開山祖師周敦頤，再談王陽明學說和修行。敏悅秘書長打趣回應說，「朝聞道，夕死可矣！」

玄門真宗秘書長劉政安先生說，正在努力做的是自殺防治、宗教環保標章，他建議這個聯誼會能有明確章程，以利未來發展。

天德教代表潘樹仁先生來自香港，他參加宗教聯誼已第五次了，他深深感受到這種聯誼的和諧氣氛，是思想友誼的交流。維生先生在閉幕致詞，特別提到光光同奮的一篇天德教研究報告。南京大屠殺後，天德教的前輩道長們忍著悲痛，掩埋一個一個被屠殺的遺骸，共是十一萬人。身為中國人、炎黃子民，永遠不能忘記小日本鬼子幹下的「南京大屠殺」。

第二例是二〇〇八年（民國九十七年）九月廿七日，在新店中信商務會館所舉行「二〇〇八新興宗教對談與座談會」。共有十個宗教參加：軒轅教、一貫道、天德教、理教、天理教、天道、玄門真宗教會、松山慈惠堂、谷關大道院及天帝教，會中各教都有高論發表。

為何這些不同宗教可以聯誼、交心？大會主席中華天帝教總會理事長陳文華（樞機使者陳光理）說，都以中華文化為中心思想，為活水源頭。（註一〇）

未來若有一個宗教聯誼會，除中國式民間各宗教外，尚有伊斯蘭、天主教、基督教、猶太教、佛教（南北藏各宗派）、印度教、摩門教…都能來聯誼，相信地球上再也沒有類似「九一一事件」發生。

我曾在拙著《中國神譜》一書提到，若中國民間各廟宇諸神，除媽祖、關公等外，也能把耶穌、瑪麗亞、安拉等西方眾神也一起入駐我們的廟宇，如此各教派信徒進廟大可「各取所需」，各拜其神。這或許對世界和平有幫助，也可以減少很多戰爭。（註一一）

六、慶祝宗教哲學研究社成立35週年

宗哲社竟然要過三十五歲生日了，但從民國二十二年十二月三十一日在上海成立，到現在應該是八十大壽。看三十五週年舉辦論壇的規模，十週年時碰到的難題，似大部有改

大會「主人家」～光照首席（右 7）、維生先生（左 6）、劉通敏教授（正炁‧右 6）一同與中外學人們合影留念。《教訊》346. p.30

善、且有大的進展。

宗哲社三十五週年是和「二〇一一年紀念涵靜老人宗教會通論壇」同時辦理，於二〇一二年（民國一〇一年）十二月廿一日起三天，在天帝教鐳力阿道場舉行，本文針對光照首席和大會主席劉通敏教授致詞，略提要點。（註一二）

△光照首席致詞要點：

涵靜老人復興天帝教，弘揚　上帝真道、搶救三期末劫，祈求世界和平與中華一家，兩岸中國人能和諧相處。今逢宗哲社三十五週年，舉辦論壇以「天人合一與精神鍛煉」為主題，探討中國傳統人文精神，提以下兩點供各位參考。

第一、古往今來，宗教家所認為傳統的憂難神秘，是如何把握現實軀體自強不息的鍛煉「精、氣、神」三寶。鍛煉之道何在？在清心寡慾，定靜安慮得而達到至善妙境，以求生命之歸途，俾得永生共生。此種自修自創由物質而返自然的修養秘傳工夫，道家謂之「靜參」，佛家謂之「參禪」，即世俗共知的「打坐」，究其本源，「性命」之學而已。

第二、唯有精神鍛煉，性命雙修，最後才能超凡、入聖、登真，此種由物質而返自然的方法，理論深奧，淺言之不外：人身生理和心理、精神和肉體要適切配合，平衡發展，才能達到「天人合一」之境。

△大會主席劉通敏教授致詞要點：

涵靜老人在《新境界》裡說：「我們中國老祖宗在五、六千年來，一直認為物質世界（有形宇宙）之外，還有一個精神世界（無形宇宙）的存在…十九世界以來歐美科學家、哲學家、靈學家不斷用觀察和實驗方法，證明了物質世界是由精神世界所產生，人死之後，靈魂仍然存在…即是先有無形宇宙，後有有形宇宙，所以中國人的思想一直以天人合一為最高境界。也就是天人合一的境界，即是精神世界。」

我們紀念涵靜老人，進行天人合一和精神鍛煉探討，從中理解中國的人文精神。也望藉由每年的宗教哲學會通，為宗教大同尊定基礎。

維生先生在閉幕致詞強調，中國文化從老子、孔子以降都在談天人之學，天人合一的觀念從魏晉以來逐漸形成。真正提出天人合一的是張載，他在《正蒙・乾稱篇》說：「因明致誠，因誠致明，故天人合一。」維生先生的致詞深值多讀，沒有一些中國文史基礎，恐不易理解。（註一三）

維生先生最後說，宇宙間的根本大法「自然」，通過自然的原則，就是「無為」；涵靜老人的心法「自然無為」：「一切不想、不想一切，放下一切、一切放下」，就是涵靜老人昊天心法的精髓。

本章透過宗哲社這個組織，看它數十年來在宗教哲學論述的寬度和深度，做為一個輔翼機構，在完成天帝教人間使命（發揚中華文化、完成和平統一）上，也盡了最大的力。而更大的願景在宗教會通上，中華文化民間信仰各教派可在數十年間見其成效，因有中華文化這個共同的活水根源。

但西方各教派（如基督、天主、伊斯蘭等教）會通，可能是「千年大業」。以佛教徒「外來」到「本土」過程為例，在隋唐時佛教開始和我國各家聯誼、會通，進行三教（儒、佛、道）合流大工程，約經過一千年，現在我們才能說「中華文化的三個核心價值是儒佛道」。以此經驗為例，基督和伊斯蘭的會通，是否要再千年？

註釋：

註一：天帝教極院教史委員會編輯，《天帝教簡史》（台北：帝教出版有限公司，二〇〇五年八月），頁一四。

註二：維生首席，「向宗教哲學研究國際化邁進」，《教訊》268 期，二〇〇六年六月，頁五六—五九。

註三：講詞全文見《教訊》第 314 期，二〇一〇年五月，頁一〇一—一一三。

註四：盧靜子，「提高宗哲社能見度。發揮更大影響力」，《教訊》第 268 期，二〇〇六年六月，頁六〇—六二。

註五：同註二，頁五八—五九。

註六：張新膺，「張新膺細說心頭話：參與同中華宗教哲學研究社的學術交流 18 年有感」，《教訊》第 315 期，頁二〇—二七。

註七：同註六，頁二七。

註八：李肇居士，《中國神譜：中國民間宗教信仰之理論與實務》（台北：文史哲出版社，二〇一二年元月）。

註　九：宋靜貴，「共闡宗主心法。迎接春暖花開時」，《教訊》第279期，二〇〇七年六月，頁三十—三七。

註一〇：詹敏悅，「十大新興宗教共濟一堂」，《教訊》第295期，二〇〇八年十月，頁八九—九二。

註一一：同註八。

註一二：全文詳見《教訊》第346期，二〇一三年元月，頁三十—三三。

註一三：同註一二，頁三九—四三。

第十章　華山精神・鐳力阿精神

民國 78 年，維生樞機從華山「大上方」玉皇洞取回泥土及水，師尊親自覆於鐳力阿道場清虛妙境土地上，從此「華山道脈」，與鐳力阿道場，氣炁相融，綿延連貫。《教訊》330. p.25

一、何謂「華山精神？」何謂「鐳力阿精神？」

悠悠華嶽幾經秋，國脈同傳亙古休，萬里黃河環玉帶，一輪明月滾金球，風雲變幻誰先覺，烽燧將傳獨隱憂，我本悲時非遯世，天心早許白雲留。（註一）

這是二〇一一年（民國百年）八月，現任光照首席和維生先生（第二任首席），偕領同奮啟程前往大陸，進行華山朝聖之旅時，極初大帝以「上聖高真曉諭」的一首七律。吟之詠之，能深切領會涵靜老人當年從繁華的上海，舉家遷往華山白雲深處，是何等修道決心。今有同奮承先啟後，追索華山道源，無形當全面護佑。

在許多《教訊》文章上，都會提到涵靜老人在當年舉家在華山修行情境，也說過天帝教源於華山，因而「華山精神」在天帝教同奮中，是一種「重要的思想元素」，可以說天帝教同奮這一輩子必須要去「認祖歸宗」的地方，必然就是回祖國到華山朝聖。

「朝聖」在宗教徒有很神聖的意義，不僅是一種認祖歸宗，更是精神的昇華，是最接近　上帝的機會；其亦有教育和認證的功能，效果之大，也許大過參加十場法會，大過讀經。法會隨時可以參加，朝聖卻一生可能只有一次。

因為華山有「祖源、聖地」的重大意義，故早在民國七十六年七月，天帝教始院就印行《華山精神與天命道脈的延續首任首席歸隱華山50週年天人會談記錄》，經由無形上聖高真金言，再詮釋帝教要義和華山源流。以下略舉數則，再回顧往昔珍貴歷史。（註二）

△**一炁宗主**：首席的華山坐鎮，乃天命所繫，而今日第三使命的承續，則是一種超乎一般所說的自然而承受之天命，即是知其不可為而為之「請命」。故　上帝感召而來到寶島，古來所謂「教主」只是「受命」而佈教化，行救世之責，尚無如首席「自己請命」為「救劫」而奉獻，誠然是「先知先覺」之先軀！

△**大覺威靈大天尊**：今日諸方來朝，無形中紀念大盛會，非人間之所能比擬，首席封靈「首席督統鐳力前鋒」為主持，論天下間之大事，「天人教主」講華山事蹟，皆能句句醒悟人心。

△**濟佛祖**：古有「華山論劍」，今有「華山重現」，首席使者華山之劍，留至今日斬天下之魔，為「救劫」不得不耗散「精神」，凡人是愈戰愈虛，首席則是愈戰愈強，此首席之所以不「凡」之處。

△**觀世音菩薩**：帝教之今日成就，即是「華山道脈」之延續，再加以精煉復興，首席伉儷雖不居功，實乃天下之第一救劫先鋒！

△**天人教主**：吾這天人教主的殊榮，遠不及首席使者的奮鬥史實來得響亮，卻是　天帝道統延續的重要橋樑，華山道脈，五十年如一日，不論天德教、天人教、天帝教，傳承不斷，均為應元三期末劫各自承擔不同時代的使命任務。

天帝教源於華山，興於台灣，一脈相承，故未來必佈教於整個神州大地。故極初大帝以上聖高真曉諭開示說：「本席駐世人間時，華山道脈已貫通鐳力阿道場，華山精神已於鐳力阿道場重現，由華山天命以迄鐳力阿天命，皆為救劫天命，因應時空變化，衍生為天帝教二大時代使命。」（註三）從大陸華山到台灣這個天命傳承，天帝教的第三任首席使者童光照，以九點簡潔而統整的道出「華山精神」、「鐳力阿精神」：（註四）

（一）謹遵天命，服從師命。
（二）救劫天命。
（三）窮究天人之學。
（四）救劫急頓法門之修煉。
（五）復興天帝教之源起。
（六）夫婦雙修、家為教本。
（七）坤元輔教之成全與承擔。

（八）盡人道修天道。

（九）作宇宙先鋒、奠人間教基。

這九點已經由涵靜老人倆位老夫婦建立了典範精神，每位帝教同奮必須深思和學習的榜樣。天帝教的救劫使命源自華山道脈，鐳力阿又一貫傳承，並成為完成時代使命（復興中華文化、和平統一）之先鋒。完成此項春秋大業，全教同奮將華山精神和鐳力阿精神，視為一生修身、齊家、立業、救世救人的終極目標。前兩任首席使者如是作，現任的光照首席亦正領導者全體同奮如是力行實踐。

二、光照首席從台灣率領同奮首度華山朝聖

天帝教根在大陸，在台灣復興，又傳回大陸並擴大發展。有不少涵靜老人在大陸時期佈教的地方，都是帝教同奮尋根朝聖之處。

第二任首席使者李維生先生，於一九九五年（民國八十四年）元月廿三日，拜命代理首席使者。一九九七年（八十六年）二月廿一日（丁丑年元月十五日），經天人遴選，拜命為天帝教第二任首席使者，到民國九十六年傳位給第三任止，維生首席承領教政十

二年間，三度帶領同奮赴蘇州、上海、西安（華山之北峰、大上方）、蘭州等地尋根朝聖。探訪天帝教的源頭，讓同奮在行路中自然體認「中華一家」的真理感，「尋根之旅」真正榮耀的是，來年更多同奮到祖國大陸尋帝教之根，堅定兩岸和平統一的時代使命。（註五）

天帝教第三任首席使者光照先生（本名童明勝），於二〇〇六年（民國九十五年）十二月十七日，獲推選榮膺第三任首席使者之天命。次年（九十六）三月四日（丁亥元月十五日）拜命昇座。與人無爭的光照首席對始料未及的重任，幾度喟嘆：「真是天命可畏不可違！」

童明勝先生學的是工程，他的學歷中並無再進修文史科系，但我看《教訊》上他的作品，對中國文史哲類領域甚有素養，天人感應很強烈，眼神純誠。（註六）當然，我也從未面見過光照首席這個人，不能說認識，只能說「看圖說故事」，從《教訊》文章中去感受，那是一種直覺、直觀。

光照首席於二〇一一年（民國百年）八月從台灣率領同奮，展開任內第一次「華山朝聖」的尋根之旅。本文按《教訊》報導，簡述尋根過程，攝影照片也很有代表性，亦轉用部份，讓更多「外人」有機會也感受一下這種「神奇之旅」。（註七）

八月九日光照首席使者、蕭敏堅樞機、陸光中樞機、道通黃緒我、中部開導師辦公室主任開導師賴緒禧、南部開導師辦公室主任開導師梁緒皈、天人炁功院院長劉正炁等一行廿三人，首先到達華山北峰，一行人到達北峰後，各自找適當地方靜坐，沈浸於華山濃濃靈氣中。

光照首席此刻又和一群同奮更上北峰蒼龍嶺，並在岩壁旁「雲海」二字下合影留念，首席等六人再上金鎖關，之後下山回到下榻的飯店。

翌日八月十日，維生先生和光光伉儷先行在登「大上方」入口處玉泉院，等候光照首席一行。大家在玉泉院合影後，告別維生先生，即向身為救劫使者心心繫念的「大上方」前進，一個多小時到達「莎蘿園」，這裡有涵靜老人以極忠文教基金會之名捐助建設的紀念石碑。

上「大上方」驚心動魄，雖兩旁有鐵鍊，還是危險。千迴百轉後，到了「大上方」當年涵靜老人全家修行生活處。下午，同奮們在附近的玉皇洞、八仙洞、金仙洞，找尋師尊當年的修道足跡。接下來，由光照首席主儀，在師尊當年的修道地點玉皇洞前，以廿一遍「廿字真言」展開朝聖祈禱儀式，並將鐳力阿道場黃庭的土壤和五葉松，播灑在玉皇洞四周，以示生生不息，道脈長青。光照首席誦唸「辛卯年華山朝聖祈禱詞」曰：

今天是公元二〇一一年八月十日、農曆辛卯年七月十一日，光照偕同同奮代表，在華山「大上方」舉行朝聖祈禱儀式，緬懷師尊，謹遵天命，服從師命，棄官攜眷，由繁華的十里洋場上海，舉家遷到民生物質缺乏的深山幽谷「大上方」，執行救劫天命，窮究天人之學，修道奮鬥八年。

追溯道源，華山精神就是鐳力阿精神，同奮為拯救天下蒼生，化延核戰毀滅浩劫而日夜祈禱，奮鬥不懈，懇求師尊加持，給同奮信心、智慧、力量，早日完成師尊未完天命，邁向延康新運！（註八）

光照首席一行在玉皇洞行禮參拜後，依序下山，「上山容易、下山難」，大家戰戰兢兢默念「廿字真言」。平安回到來時處玉泉院，維生先生依約在附近等候，「辛苦了！辛苦了！」他老人家和藹溫馨的聲音，不絕於耳。後面是此行部份圖照，供有緣人雅賞。

左圖/北峰三角點石碑雋刻「華山北峰」，海拔1,614公尺，光照首席與蕭敏堅樞機到達後，欣慰不已。

下圖/光照首席（右4）在齊天洞前與大夥合影。

《教訊》330. P.6.

圖1/維生先生(箭頭指者)祝禱攀登「大上方」的同奮們順利登頂。

圖2/華山「大上方」的登山口～華山門，自此大家步入時空隧道，探訪一代大宗師修行救劫來時路。

圖3、4/莎蘿坪中的莎蘿園石碑，其背面勒銘師尊李玉階捐贈記實。

《教訊》330. P. 11.

金鎖關。≪教訊≫330. P. 8.

光照首席（箭頭指者）與少數幾個同奮，又直上北峰金鎖關。

上圖/此處曾留師尊師母全家當年在「北峰頂」的珍貴鏡頭，如今第3任光照首席（箭頭指者）蹕武本師，也留下難得畫面。

右圖/光照首席在「雲海」2字前，與同奮留下歷史紀錄。≪教訊≫330. P. 7.

三、涵靜老人華山修行外一篇：無形戰爭指導

我自己回憶半生職業軍人生涯，除了最漫長的野戰部隊時間外，最後的五年意外的到了台灣大學，這五年在台大講堂主講的課有「國家安全」、「波斯灣戰爭」、「戰爭指導」。偶爾代課或幫人上課，還講過「韓戰」、「越戰」等，如今退伍多年，那些戰術、戰略、戰爭指導…砲聲。已離我很遠、很遠了！如夢如幻！

讀《教訊》原先以為涵靜老人應屬「方外之人」，宗教家、思想家；但若讀《天帝教簡史》，竟發現老人家在華山修行那八年，除了有關宗教事務外，也還執掌著「戰爭指導」，讓我很感意外。按《天帝教簡史》一書記載，略做回顧，為老人家華山修行外一篇。

一九三六年（民國廿五年）八月廿八日（農曆七月十二日，涵靜老人與同道郭子化，到太白山叩謁太師伯雲龍至聖（第五十三代天鈞教道世輔宗），至聖指示：

明夏浩劫將興，國難當頭！遂命郭子「速報爾師，歸隱黃山」，又命師尊應于明年農曆六月初一日（國歷民國廿六年七月八日）前辭官，挈眷潛居華山白雲峰下，

> 長期祈禱，看守西北門戶。（註九）

當天下動亂，紅羊浩劫來臨時（任何因素），中國傳統知識份子大體上有兩種對應態度，一者儒家思想主張積極入世，救國家民族，出人民於水火之中，如孫中山先生領導的革命黨及七十二烈士均是；次者道家思想主張消極出世，追尋個人理想國於高山幽谷之間，如雲龍至聖說的「速報爾師，歸隱黃山」，但卻叫師尊潛居華山「看守西北門」，這卻不像道家作法。華山為我國五嶽之冠，位于陝西省華陰縣，海拔二千八餘公尺，是道家全真派的根據地。《簡史》在民國廿六年有如次記錄：（註一〇）

> 七月二日（丁丑五月廿四日），師尊遵雲龍至聖之命辭官，偕師母率長子維生、次子維公、三子維光、幼兒維剛，暨兒輩之業師郭子雄藩等直上華山，暫居北峰之巔，舍館既定，當晚有感：越五日，七月七日深夜（丁丑六月初一子時），華山光殿開光，蘆溝橋事變突發，中日戰禍開啟，應驗雲龍至聖「浩劫將興、國難當頭」之預示。此後師尊全家暨隨侍上山之弟子，經常於白雲深處，虔誦皇誥，祈求　天帝佑我中華，對日抗戰，最後勝利。

前面我提到道家的消極遁世思想尚有程度之別，在老子尚承認國家、政府之運作，但要少管事；到莊子則已是「無政府主義」了。相同的是天下不可為時，只逃到深山追求個人理想國，不會經由「精神力」，祈求那一方的輸贏。所以，我以為當時雲龍至聖和涵靜老人的思想，已遠離了傳統道家，而有了儒家入世情懷。於是，面對國難戰爭，他們要掌握狀況（軍事術語謂情報判斷、狀況判斷），以利進行「戰爭指導」。

涵靜老人奉命以無形力量看守西北，而當時戍守西北之有形力量是胡宗南將軍的第卅四集團軍。所以涵靜老人和胡宗南將軍有不少交流，在天帝教文獻史料常會看到。一九三八年（民國廿七年）春，日軍佔領晉陝交界黃河渡口風陵渡，砲轟潼關。《簡史》有一段記載。（註一一）

潼關鐵橋為風陵渡日軍砲毀，時值河南信陽羅山一帶軍情吃緊，胡將軍麾下第一軍奉命增援，軍車無法通過，隴海鐵路軍運指揮官周嘯潮將軍束手無策，遂命華陰車站司令張英仲及警務段長王儉持函上山，懇請師尊設法。時情況緊急，師尊於靜坐祈禱後，大膽函覆云「三天內天將降濃霧以助，應即準備搶修工程車，可於三十六小時內修竣通車。」

對於這種類似「孔明借東風」的論述，在我年青時也是當成小說神話看。到了年過三十，有點軍事素養後，其實反而從現代科學氣象學得到解釋，那是一種合乎科學的「預測」，而不是非科學的「預言」。像智者涵靜老人這樣能通天人之學者，必定能善觀天文地理，雖不能知前後幾百年事，但幾天、幾年應是可能的，我深信之。

民國廿七年十月廿三日（戊寅九月初一），在華山尚有盛事，涵靜老人在華山南峰修建「祈禱抗戰最後勝利護國法會」。不明妙理的人以為法會何用？不如坦克、大砲，但其實行家就知道，中國從古至今，軍隊作戰前，常有類似「精神動員」的活動，常能形成一股致勝之戰力，涵靜老人深知中國歷史文化之神妙，又通天人感應，由他啟建法國效果更大。

該次法會同時超渡抗戰忠勇陣亡將士及各地罹難民眾，法會歷七晝夜，承崑崙山掌教通飭崑崙同人，齊戒焚香九日，以感天和，共挽時艱。這次法會亦蒙西安行營主任兼陝西省主席蔣鼎文將軍、第一戰區司令長官兼河南省主席程潛將軍、中央監察委員張繼先生、陝西省民政廳長彭昭賢先生、中央賑濟會常務委員朱子橋先生，暨各宗教領袖、性空教主等六十九人共同贊許發願，或親臨參加，或代表參與，共襄盛舉，精誠感人。

民國廿八年六月九日（己卯四月廿二日），涵靜老人舉家由北峰遷往白雲峰下，這裡是大上方，長期祈禱，日與天遊。這年十二月十日有如下記載。（註一二）

> 師尊初會胡宗南將軍於華麗玉泉院，風雲齊來燈下，傾談玄機有感，曾賦詩二首誌念。一為七絕云：「靜裡乾坤會風雲，玄機奧妙初談君，個中求得真消息，戡亂扶危許將軍。」一為五律云：「華麗識英雄，天人一貫通，憂時心共苦，救世願齊洪，重寄關中鎮，神奇嶺上工，時來風送曉，靖寇定元戎。」

涵靜老人不持槍砲，亦不統領軍隊，但不少高級國軍將領紛紛來取「真經」，領受老人家的無形「戰爭指導」。民國廿九年春，老人家經常靜觀日軍在華北、長江及珠江一帶之軍情與戰略部署，提供胡宗南將軍參考。二月八日，胡將軍來一函云：（註一三）

> 先生遊心物外，冥契玄中，心靈與造化參通，精神合天地交感，凡承啟示，均有端倪。且先生以方外之人。久棄塵俗，而乃惓懷國家民族，忠藎不渝，非特儕輩

所難求，即古今方外史乘，亦所僅見。

我前面講到中國歷史上的「方外之人」（道家、道教，如魏晉南北朝老莊玄學等），（通常已棄塵俗，遠離國家民族或蒼生而自尋理想國）。但涵靜老人雖也是方外之人，乃惓懷國家民族，這就是天帝教思想中的「救劫」，故胡宗南將軍贊嘆「方外史乘、亦所僅見」。對於這樣的高人，胡將軍自然想來親近請益。同年五月二日，胡宗南將軍登臨大上方清虛妙境，與涵靜老人長談終日，老人曾有詩「無欲速」誌之：「將軍躡屐登雲天，匹馬長征已萬千，暫解戎裝朝玉闕，林間且護老龍眠。」詩中玄機，僅二人能領會。

民國廿九年七月四日還記載著，第三十四集團軍總司令陶峙岳、第一軍軍長丁德隆、第一六五師師長王治岐等將軍登山拜訪，在山中留居三竟日。十日（庚辰六月初六），陝西省第八區行政督察專員兼保安司令熊正平將軍、蒲城縣縣長王撫洲先生登山拜訪，此後西北各省人士，慕道攀登大上方造訪，叩請皈依者，絡繹於途。

怪怪，這些黨政軍要員辛苦上華山找涵靜老人做啥，當然是要來聽取一些「天機」，領略涵靜老人的「無形戰爭指導」。對日抗戰這八年，華山大上方儼然是「中華民國對日抗戰『無形』作戰指揮所」。民國三十年春，《簡史》有如下記載。（註一四）

師尊偶假機緣，得識第卅一集團軍駐西京辦事處主任錢可人（縉），師尊告其某月某日，貴辦事處（位西安東門玄風橋城牆邊）將有劫難，請早躲避。錢氏遵囑於是日晨，率該處全體員工暨眷屬遠離。至下午，該處遭日機轟炸，夷為平地。該集團軍總司令湯恩伯將軍夫人亦倖免於難，湯將軍遂飭錢可人登山致贈師尊「法家拂士」匾額一方，以表謝忱。

民國三十年還記載著，同年三月，天帝教無上至寶《三期匯宗天曹應元寶誥》由維生侍筆，傳來人間。如此這般，我國對日抗戰這八年，涵靜老人舉家在華山修行，建立天帝教早期的思想基礎。但重點是「看守大西北」，以天機點化許多高級軍事將領，儼然是一位「無形戰爭指導者」，至到抗戰勝利，全家才又回到上海。但在民國三十二年，崑崙諸祖和雲龍至聖已向涵靜老人透露，更大的災難將要來臨《簡史》記曰：（註一五）

大數已定，中日戰爭了結後，中國將有更大之變亂，天翻地覆，一切之一切都要大變。繼之而來恐將又有極大之外戰（世界大戰），我同胞死傷將為前所未有，世界繁華亦將摧毀殆盡，慘不忍說，我輩將來都要參與救國救世，爾等應速祈禱上帝化減劫運，早往蓬萊仙島。

這段聖者傳示之天機，行家一聞便知是共產主義在中國造成的災難。我研究國際共黨和中國共產黨數十年，如今再讀《天帝教簡史》這些聖賢開示，真是深有同感。共產主義災難真是中國人逃不掉的「劫數」，命中有的橫禍。（註一六）當共產主義在當時的社會流行時，無數年青人口中說著流行術語如「解放、進步、封建」，有如今天流行著網路、臉書等等，無人敢道一句「不好」，就連父母說一句，便是「封建」、便要鬥爭、要批鬥⋯⋯如此這般，光講忠孝節義的國民黨那有不垮之理？河山那有不變色？

這一節針對我自己軍事戰史的背景，好奇於涵靜老人在我國對日抗戰八年，他擔任的角色，我試圖去解讀、詮釋。我以為「天機」也還在人的智慧內，對世事進行的觀察、判斷，唯智者能之，如孔明對三分天下的判斷，並無不能理解之處。只是須要有深厚的素養和時間歷煉，有人二十歲能知之，有人三十能知之，或四五十才知之，更多的人一輩子搞不清楚狀況，不知道「我是誰？」的也多的是，李登輝、陳水扁現在還不知道「我是誰？」未來也快沒機會知道了。

師尊、師母一家人在華山北峰頂留下的歷史鏡頭。《教訊》330. p.17

師尊華山全家福合照。《教訊》330. p.19

北峰白雲仙境

註釋：

註一：《教訊》第330期，二〇一一年九月，頁二四。

註二：《教訊》第331期，二〇一一年十月，頁三一—三三。

註三：同註一，頁二四。

註四：同註一，頁二五。

註五：關於天帝教第二任首席使者李維生先生，其任內重要教政改革與發展，可見《教訊》第276期，二〇〇七年二、三月合刊號，「生生不息」長文專輯報導，頁一〇八—一五八。

註六：關於第三任光照首席的詳細報導，見同註五，頁八—六九。

註七：黃敏書採訪，「光照首席首度華山朝聖。體悟本師堅毅救劫精神」，《教訊》第330期，頁五—一四。攝影群有：沈緒氣、鄭正如、李雪僩、陳正之、徐鏡喆、詹正彝、謝鏡丹。

註八：同註七，頁九。

註九：《天帝教簡史》（台北：帝教出版有限公司，二〇〇五年八月），頁二〇—二一。

註一〇：同註九，頁二二—二三。

註一一：同註九，頁二四。
註一二：同註九，頁二六－二七。
註一三：同註九，頁二七。
註一四：同註九，頁二八－二九。
註一五：同註九，頁三十。
註一六：陳福成，《中國近代黨派發展研究新詮》（台北：時英出版社，二〇〇六年九月）。

附件

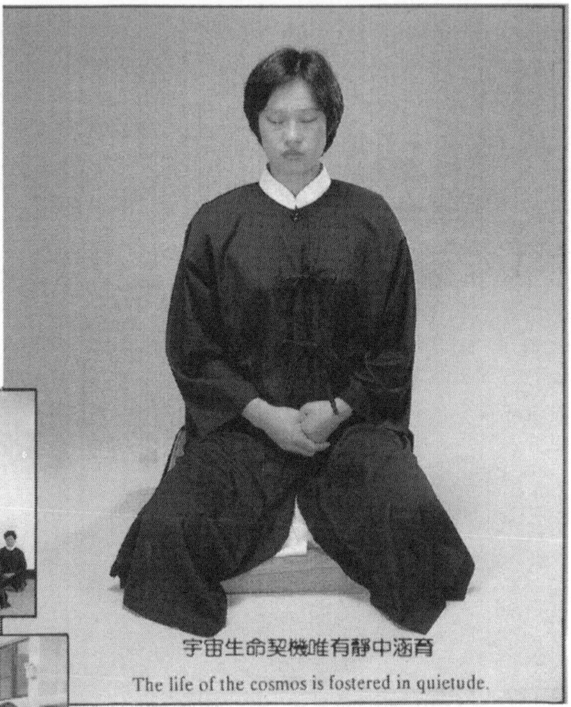

宇宙生命契機唯有靜中涵育

The life of the cosmos is fostered in quietude.

附件一：天帝教廿字修身法

壹、前　言

廿字真言：「忠、恕、廉、明、德、正、義、信、忍、公、博、孝、仁、慈、覺、節、儉、真、禮、知」，又稱人生守則，是天帝教道統第五十四代天德教主蕭公昌明大宗師目睹民初人間五倫不正，綱紀廢弛，人欲橫流，邪說蜂起，人心頹喪，社會混亂，遂發宏願，拯救劫難，在湖南深山苦修十餘載，鑽研救世救心法門，集五教忠恕、無為、慈悲、博愛、清真之精華，並融合中華文化道統精髓，匯集而成，用以匡正人心，解除國人疾苦，教化社會，救國濟世，為渡人寶筏。苟能遵行，可以正己化人；若蔚為風氣，人心自可潛移默化，消弭社會亂象，化劫於無形。

天帝教是應元濟世的救劫宗教，廿字真言是天帝教教徒日常修持的功課，也是切實奉行的人生守則。只要大家了解真言的意義，熟讀體會，同時選擇其中一字，持之以恆切實力行，其餘十九字就會自然貫通。廿字真言奉　上帝頒行三界十方一體遵行，是為宇宙總咒，若能早晚虔誦十至百遍，並以此每日反省懺悔配合身體力行，可以培養正大光明的天地正氣，能感應無形廿字仙佛靈力護持，可抵消個人業障，化解家中陰邪之氣，亦可除疾治病，促進身心健康。

貳、廿字眞言淺釋

忠——中心為忠，良心放在中間，正大光明做人做事，竭盡心力，腳踏實地，正直無私，忠於良心，忠於天地，忠於國，忠於家，忠於朋友，忠於事事物物。

恕——如心為恕，存心忠厚，將心比心，兼恕萬物，以寬宥、原諒之心待人。

廉——凡事要先守四知之誡（天知、地知、你知、我知），細心省察，不拿不應得之財物，以節儉為本。

明——做人要通達事理，袪除惡習，看破「酒」、「色」、「財」、「氣」，培養正氣，自然心地光明。

德——現代的國民須有善良的品性、正直的行為、捨己的心腸，人能諸惡莫作，眾善奉行，就是修德以配天地，則可精神不死。

正——誠意正心，修身齊家，不起纖微之私意，不起絲毫之曲心；口無邪言、目無邪視、耳無邪聽、身為邪行，正氣充足，邪魔自然遠避。

義——凡事認為公正合理，自當為所應為，當仁不讓，見義勇為，生死不辭。

信——言行相符，始終不變，誠實不欺，一諾千金。

忍——人當拂意之時，心如刀割，小不忍而搆怨於一時，大而貽禍於終身。如能平心靜氣，受人之所難受，不生憤恨之心，不起榮辱之念，只有度量寬宏，忍人之所不能忍，忿戾之氣自然化為烏有，可知天下事，皆成於忍，而失敗於不能忍。

公——無分人我，不存私念，剛正不偏，天下為公。

博——推廣聖人之道，仁愛之心，教化世人，普濟眾生，即是孟子所謂「善推所為」之意也。

孝——夫父母即天地也，惟「孝」字，足以感動天地鬼神。古人以「孝」為百善之先，今人不知孝道，其病根在於不知父母之恩，即有所知，又為貨財妻子所蒙蔽。應知父母日漸衰老，倘不及時孝養，後悔莫及，羊有跪乳之仁，烏有反哺之義，禽獸尚知報本，若人不知孝順奉養之道，豈非不如禽獸。

仁——仁為上天好生之德，生生不息之道，萬物之發育，皆本乎「仁」，倘水果之核無仁，則生機絕滅，願天下之人，不存私心，推愛己之心以愛人，又推愛人之心而愛物，就是報答天恩。

慈——本著仁愛的心腸，救人苦難，以和顏悅色的態度待人。

覺——凡能辨別是非善惡，擇其是者、善者從之，其非者、惡者去之、遠之，就是「覺」之功用。凡能清心寡欲，養性修真，對吉凶禍福，常有預感，這是由心誠而產生開悟之效果。

節——人當窮途末路、艱苦困難之境遇，而能有所不為，居亂世能生死不改其操守者，如古之烈女不嫁二夫，忠臣不事二主，皆節之一字堅其志也，而有不屈不撓之氣概，此為天地正氣之所鍾。又「節」亦有節制之意。

儉——生活樸素節制，知足守分，惜福惜德。

真——待人不虛不假，律己去濁留清，修身養性，一真一切真，自然還我本來。

禮——定尊卑，序少長，別男女，明貴賤，立身處世，恭謹誠敬，循規蹈矩。

和——宇宙天理之真象，在於一「和」字。大而言之，天體太陽系各星球之運行不得其和，既有混沌；物質與自然不得其和，即無生機。小而言之，人生靈魂與肉體不得其和，既有死亡；人類心理感應不得其和，既生仇恨；人與人不和，既爭鬥興訟；社會秩序不得其和，既有變亂；國與國不得其和，即生戰爭，世界不得和平；科學與哲學不得其和，則真理難以追求；是故天地之基、立國之本、做人之道，在於中和。

參、廿字修身法簡而易行

一、廿字真言禮拜法

前　言

廿字真言：「忠、恕、廉、明、德、正、義、信、忍、公、博、孝、仁、慈、覺、節、儉、真、禮、和」，是五教聖人修行成道的精華，亦是應時、普渡三曹之總咒。是「天知」、「人知」、「鬼知」三曹皆知法門，其義理簡而易行，以此反省、懺悔，加上哀求念力之作用，自然無形靈力加持，可達「身、心、靈」三密相乘的效果。

功效

廿字禮拜法，是經過反省、懺悔，加上跪拜的動作，以求心神專一，感召廿字主宰的靈力加持，達到祛病強身，延年益壽，消滅業障，災禍遠離，家中平安、祥和的目的。

方法

於廿字真言匾前（佛堂或廳堂）上香行禮後，雙手捫心，反省懺悔，默祝心願後跪下，每唸一遍廿字真言叩首一次，以百遍為基準，若覺陰冷，不必害怕，需繼續禮拜至全身發熱發汗為止。禮拜時，可於身旁置清水一杯，於禮拜完成後，徐徐飲下，自有甘露加持。凡真心懺悔者必有應驗。

禮拜法與身體之健康

吾人脊椎骨共計廿四節，頸椎七節，胸椎十二節，腰椎五節，如持續以廿字真言禮拜法正確姿勢跪拜，必可傳導經絡及促進血液循環之功能，亦能帶動整個骨節的健康。因為脊椎為吾人軀體之棟樑，若脊椎損傷或不健康，勢必影響其所支配之五體（筋、脈、肉、骨、皮毛）及五臟六腑之功能運作，進而導至為有形之病源。是故為了身體健康，適時、適量的跪拜活動是不可或缺的。

二、誦廿字真言迴向之方法

前　言

廿字真言奉　上帝頒行三界十方一體遵行，是為宇宙總咒，若能早晚虔誦十至百遍，並用此每日反省懺悔配合身體力行，可以培養正大光明的天地正氣，能感應無形廿字仙佛靈力護持，可抵消個人業障，化解家中陰邪之氣，亦可除疾治病，促進身心健康。

方　法

凡在清淨場所（廁所、夫妻房間、廚房外），不拘時間，均可虔誠持誦（默念或口誦均可）。每次至少誦滿五十遍，才可作專案迴向；如時間、環境許可，每次應以持誦一百遍為基數。

迴向文（舉例）

1. 迴向給病患或手術治療親友：願以此真言，迴向給我的親友○○○（如非現場迴向，請指明戶籍或醫院名稱、地址）消清冤孽債，身心恢復健康或手術順利。
2. 迴向給過世的祖先或親友：願以此真言，迴向弟子○氏歷代高曾祖父母或弟子祖父母、父母或親人○○○或友人○○○或師長○○○，消清冤孽債，普渡早超生。
3. 迴向給地基主（動土或遷屋時）：願以此真言，迴向本地地基主（如非現場迴向，請指明戶籍或地址），消除固執念，普渡早超生。
4. 迴向求超靈或農曆七月普渡：願以此真言，迴向求超靈，消清冤孽債，普渡早超生。

   註：若參與民間習俗的中元普渡活動，以素果、鮮花祭拜，焚化冥紙時，每焚化一張，口誦真言一遍，最後才迴向。
5. 迴向給產婦：願以此真言，迴向產婦○○○（如非現場迴向，請指明戶籍或醫院名稱、地址），願她順利生產，母子平安。

三、廿字甘露水祈求法

方 法

取一杯清水置於眼前，兩眼注視杯中之水，雙手捫心，口中持誦廿字真言，以百遍為基數，則無形靈力可化凡水為甘露水。

功 效

甘露水，可消除百病，洗滌陰濁之氣，然其功效大小，全視祈求者誠心、信心及正氣充沛與否而定。

四、廿字心齋

任選廿字真言中任何二字，當作平時做人做事的準則，每日早晚（至少晚上一次），反省檢討做人做事有無違背，有則懺悔痛改，無則加勉。如天天反省懺悔養成習慣，正氣自然凝集起來，發揮力量，暴戾陰霾之氣自可消化，邪魔鬼怪見而遠僻，可以確保平安。

每人每天都能洗心滌慮，靜思反省，多一份善念，就多一份正氣，一念成祥，由少集多，就能聚集一股浩然正氣，可以化戾氣為和諧，化災難為平安！

肆、附 錄

涵靜老人簡介

涵靜老人李玉階先生，天帝教同奮尊稱他為本師世尊，為天帝教首任首席使者，道蘊先天，倒裝下凡，救贖蒼黎之劫。駐世九十四載，以身許道，西北闡教，華山潛修，寶島行道，以出世之心，行入世之道，積極救世救劫，一生跟中國的憂患脈動一起跳顫；跟時代的亂動呼吸一起吐納，始終保持清明高潔道心，秉承剛正不阿真性，奠人間教基，作宇宙先鋒，實為「天命、信心、奮鬥」的典範。

涵靜老人為期天帝教普化全球，特訂定教綱，以為啟迪教化之依據，明定天帝教教則為「忠、恕、廉、明、德、正、義、信、忍、公、博、孝、仁、慈、覺、節、儉、真、禮、和」，亦名人生守則，要求天帝教同奮身體力行，以為做人處世之準則，並融入於日常生活中，期早日促進「宗教大同」與「世界大同」的實現。

涵靜老人嘉言錄

廿字眞言洗心滌慮　永保赤子之心

高度工業化社會，人心都充滿了慾望，人人想要追求高度的物質享受，把世俗財色名利看得很重，沒有辦法約束自己，以廿字真言（忠、恕、廉、明、德、正、義、信、忍、公、博、孝、仁、慈、覺、節、儉、真、禮、和）為人生守則，將人心（凡心）返本還原，以廿字一面身體力行，一面洗心滌慮，好把一切私慾、私心打掃乾淨。

孽由人造　亦由人解

天帝教教徒，先盡天人貫通的人道，再修人性圓融的天道，並且力倡實踐廿字真言——忠、恕、廉、明、德、正、義、信、忍、公、博、孝、仁、慈、覺、節、儉、真、禮、和，以為道德重整及精神重建的起點。

如何做好「人」

「人生守則」融於日常生活之中，言行思想，時時刻刻不離「廿字真言」，如此日積月累，定能氣質自然變化，人格自然高尚，智慧自然圓明，整個家庭為之薰陶，也自然會將子女造就成為擔當重責大任的有用人才。

積極入世的平常心

現在的修道人應積極的入世，不是消極的遁世。用本心、初心，去悟出常理，以廿字為起點，作內修自省的功夫。而外治行持之道，便是人與人之間的相處之道，待人接物之理。

革　心

正己修身，洗心滌慮，以自救方能救人之先決條件，代表　上帝挽救世道人心。奉行廿字，凡事無愧我心，正大光明。

煉心

煉心的功夫，是以廿字真言（忠、恕、廉、明、德、正、義、信、忍、公、博、孝、仁、慈、覺、節、儉、真、禮、和）人生守則來規範我們的本心，使本心不受污染。

洗心

於臨睡前反省懺悔，認錯改過，取一杯開水，專注凝視杯水唸三（或五、七、九）遍廿字真言，然後徐徐飲下，每日施行就叫洗心，把這顆心洗乾淨，洗心滌慮，改變氣質，改變命運。

正氣歌 並序

文天祥

余囚北庭，坐一土室，室廣八尺，深可四尋，單扉低小，白間短窄，汙下而幽暗。當此夏日，諸氣萃然，雨潦四集，浮動床几，時則為水氣；塗泥半朝，蒸漚歷瀾，時則為土氣；乍晴暴熱，風道四塞，時則為日氣；簷陰薪爨，助長炎虐，時則為火氣；倉腐寄頓，陣陣逼人，時則為米氣；駢肩雜遝，腥臊汗垢，時則為人氣；或圊溷、或毀屍、或腐鼠，惡氣雜出，時則為穢氣。疊是數氣，當之者鮮不為厲。而余以孱弱，俯仰其間，於茲二年矣！幸而無恙，是殆有養致然爾。然亦安知所養何哉？孟子曰：「吾善養吾浩然之氣。」彼氣有七，吾氣有一，以一敵七，吾何患焉！況浩然者，乃天地之正氣也，作正氣歌一首：

天地有天氣，雜然賦流形，
下則為河嶽，上則為日星，
於人曰浩然，沛乎塞蒼冥。
皇路當清夷，含和吐明庭；
時窮節乃見，一一垂丹青。
在齊太史簡，在晉董狐筆，
在秦張良椎，在漢蘇武節；
為嚴將軍頭，為嵇侍中血，

為張睢陽齒，為顏常山舌；
或為遼東帽，清操厲冰雪；
或為出師表，鬼神泣壯烈；
或為渡江楫，慷慨吞胡羯；
或為擊賊笏，逆豎頭破裂。
是氣所磅礴，凜烈萬古存，
當其貫日月，生死安足論！
地維賴以立，天柱賴以尊，
三綱實繫命，道義為之根。
嗟予遘陽九，隸也實不力。
楚囚纓其冠，傳車送窮北；
鼎鑊甘如飴，求之不可得。
陰房闃鬼火，春院閟天黑；
牛驥同一皁，雞栖鳳凰食。
一朝蒙霧露，分作溝中瘠；

如此再寒暑，百沴自辟易。
哀哉沮洳場，為我安樂國，
豈有他繆巧，陰陽不能賊。
顧此耿耿在，仰視浮雲白；
悠悠我心憂，蒼天曷有極！
哲人日已遠，典型在夙昔；
風簷展書讀，古道照顏色！

正氣歌（並序）譯意

我被帶到北平來，一間土牢裏。土牢約有八尺寬，三十二尺深；唯一的一道門又低又小，窗子也不夠寬敞。放眼望去，只見地面低隰，又是昏昏暗暗的，令人覺得十分不適。而現在正是炎熱的夏季，許多氣味都聚集到這兒來──雨水滲進了牢房，使得桌床看來好像浮動不定一般；這就是水氣。地上的泥濘，經過半天的日曬，都蒸發出水泡來，有如海上的波紋；這就是土氣。天氣突然放晴，酷熱難當，然而四周密不通風，叫人悶得受不了；這就是日氣。役隸們在屋簷下燒飯，柴火熊熊，更助長了炎熱；這就是火氣。倉庫裏囤積的米糧都已經腐爛，惡臭一陣陣襲來使人難受；這就是米氣。囚犯雜亂的擁擠在一起，汗垢既髒又臭；這就是人氣。而廁所裏的氣味、或是牢囚死後的氣味、或是腐爛鼠屍的氣味，也都紛紛傳來，夾雜在一起；這就是穢氣。

受到了這七種氣味的交相襲擊，很少人不生病的；而像我這樣瘦弱的人，生活在土牢裏也已經有兩年了，卻很僥倖的沒有害病，這恐怕是我平常努力修養的結果吧！然而我所修養的究竟是什麼呢？孟子說過：「我善於培養我的浩然正氣。」

那些惡氣雖然有七種之多，我的正氣卻只有一種；以一種正氣來抵擋七種惡氣，我又有什麼可憂慮的呢？況且浩然之氣，是天地間的正氣啊！因此我做了這首正氣歌。

天地間有一種正氣，散布在千變萬化的形體。在地上是河川高山，在天上是太陽星辰。賦於人類靈性上的是頂天立地的崇高象徵叫做浩然之氣。發揮起來，能充滿於天地。國家太平的時候，賢良當朝，表現出一片祥瑞和樂；時局危難的關頭，忠臣的氣節纔能表現出來，一個個都由史畫家畫圖作傳，永存萬世。看齊國掌管記載歷史的史官，因不畏強權據實記錄，致兄弟四人死了三位，也不更改他的記事；看晉國的史官「董狐」，受盡壓迫，仍記載趙盾弒其君；秦統一六國後，「張良」在博浪刺殺秦始皇，以大鐵椎作奮力一擊；漢朝的「蘇武」十九年在北海受盡折磨，嚼雪牧羊始終守著漢朝的節杖。像三國時代「嚴顏」將軍的堅強，頭可斷人不可侮辱；像晉朝時代「嵇侍中」（嵇紹）的忠烈；在敵兵重重包圍仍流血抵抗至死，像唐朝「張巡」堅守睢陽城破被俘，咬牙切齒恨不平吞敵人；像「顏杲卿」在常山太守討伐賊兵被俘，被割掉舌頭還在罵賊至死。像東漢末的「管寧」領道遼東的人民，不受徵用亦不幫亂黨；他的節操比霜雪潔白；像蜀漢丞相「諸葛亮」的出師北伐，鞠躬盡瘁死而後已，他表文的壯烈，連鬼神都感動哭泣；像晉朝「祖逖」，擊楫高歌過江，其雄壯的氣魄可吞胡羯。像唐德宗時的「段秀實」奪笏板打「朱泚」額血滿面，遂被殺害。這些正氣的廣大發揚，千百年來人人敬畏尊重，其光芒像日月一樣，視死如歸！這正氣支撐了天，安定了地，維繫人間的倫理，尊定了人生的道義。啊！我遭遇窮厄之時運，我實在沒盡到能力，像楚國囚犯披髮纓冠坐車被押送到最北的元都，身受酷刊，甘之若飴，如能早日赴義就死，反而是我求之不得之事。陰暗的囚房，閃爍著鬼火，春天的庭院緊閉鎖著門，有如長夜。英雄跟罪犯同牢同食，鳳凰跟雞同住同臥。受著涼冷潮溼之病，隨地可能化為溝中之屍，處在這樣的環境兩年了，百害竟然自行遠避，傷害不了我的身體。這潮溼的人間地獄，成了我安樂家鄉！像這種種的邪（戾）氣都不能加害於我，那裏有什麼技巧！祇有永存不變耿耿忠心，守著光明的心靈，抬頭仰望浮動的白雲，我懷著滿腔的憂慮是無可說的，蒼天哪！蒼天！何其如此深遠莫測，何時才能走出黑暗重現光明！古來的聖賢，離我的時代雖遠，但我對他們的忠貞凜烈的典範並沒有忘掉。在透風的房簷下，展讀古代賢人的經書，懷想著往昔先哲為國捐軀，以及忠肝義膽成仁取義的精神，與我丹心義膽相映照。

註：「廿字修身法」資料來源：帝教出版公司，93年5月出版小冊。

附件二：涵靜老人大事記要

本師大事記（製表：黃敏思）　1901～1947

時間	本師大事記	時代背景
1901	誕生於江蘇蘇州。	清廷與八國聯軍簽定《辛丑和約》。
1913	父親德臣公棄養。	1911年辛亥革命，1912年中華民國建立，
1914	印製《太上感應篇》、《文昌帝君陰騭文》普贈有緣，長達三年。	列強依然虎視眈眈，軍閥繼之內鬥不斷。
1919	北京大學發動「五四運動」反對《巴黎和約》簽署，影響遍及全國，本師以中國公學代表身分，擔任上海學生聯合會總務部部長。	一次大戰後巴黎和會列強擅將德國在山東的利權交由日本繼承。 北京政府訓令中國代表，拒簽對德和約，以平公憤。
1927-28	任上海特別市勞資調解委員會主席委員仲裁全市勞資糾紛，財政部部長之簡任秘書。	1925年國父逝世，1926-28年北伐全國統一，定都南京。此期間國民黨清黨、國共寧漢分裂。
1930	皈依天德教蕭昌明大宗師。	1931年「九一八事變」日本侵略東北。
1934	夏間，參與「全國師資訓練班」百日閉關。深秋，遵從宗主命往西安弘揚天德教。	共軍因國軍圍剿自江西瑞金撤離，次年10月抵達陝北。
1936	8月，雲龍至聖指示「明年農曆六月初一前，攜眷潛居華山白雲峰下，看守西北門戶」。	12月，西安事變，國共達成聯合抗日共識：中共取得延安。
1937 ｜ 1945	六月初一子時，華山光殿開光。 華嶽八年日日祈禱對日抗戰勝利。 真修實煉參悟「法華上乘直修昊天虛無大道自然無為心法」。	同時，「七七蘆溝橋事變」爆發。1945年抗日戰爭勝利。
1939	移隱大上方。	德國侵奧國，二次世界大戰全面爆發。
1942	《新宗教哲學思想體系》（即教義《新境界》）一書完成。	1941年，新四軍事件國共關係惡化。日本偷襲珍珠港，美國參戰，中國與「同盟國」並肩作戰。 1942年「同盟國」軍援蘇俄對抗德國。
1943	宗主黃山證道。　天帝敕命本師為天人教主，繼道統第五十五代。	中美英開羅會議決議：戰後中東北四省、臺灣、澎湖歸還中國。
1947	成立「中國宗教徒和平建國大同盟」，呼籲國共和平建國。	國民政府宣布動員勘亂 國際出現「冷戰」一詞，形容1945至1990年，以美國為首的民主集團，以及以蘇聯為首的共產集團，在政治和外交上的對抗。

1949～1980

時間	本師大事記	時代背景
1949	以福台公司為跳板，李氏家殿隨本師來蓬萊仙島，踏上基隆之日起，即為世運國運祈禱。 8月，發表〈時勢預測〉強調：「天命仍在蔣公，世運轉變，台灣前途絕對樂觀」。	中華民國政府播遷臺灣，兩岸分治。台灣島內既有「二二八」事變的陰影，又有中樞無人領導的不安，外有中共的威脅，以及美國發表《中美關係白皮書》。 1950年3月，蔣中正總統復職，6月韓戰爆發。
1951-65	接辦《自立晚報》，盡書生報國之責。	1951年美國恢復對我軍事援助。公地放領。國府宣布放棄對日索戰爭賠款。 1953年實施第一次四年經濟建設計畫（共五次），開始耕者有其田。 1954年《中美共同防禦條約》。 1965年高雄加工出口區成立。
1966-76	養器待時。	1968年實施九年國教。 1971年中華民國退出聯合國。 1974年十大建設工程展開。 1975年先總統蔣公逝世。 1966－1976年中共文化大革命，1976年毛澤東逝世
1977	發表〈台灣前途絕對樂觀〉。	美國國務卿范錫訪北平。
1978	成立「中華民國宗教哲學研究社」於台北市仁愛路自宅。	中共以鄧小平為核心的中央領導形成，改革開放時代來臨。
1979	宗教哲學研究社遷址新店（今始院）開辦中國「正宗靜坐」班第一期，目的：「引渡原人皈依帝門」。	中華民國與美斷交，簽訂《台灣關係法》。 美麗島事件。 中共在深圳、珠海、廈門、汕頭試辦經濟特區。
1980	親率「正宗靜坐」一、二期弟子啓誦「皇誥」、《三期匯宗天曹應元寶誥》，早晚祈禱波斯灣核戰由全面而局部，再化為一般傳統戰爭。從此，「誦誥」祈禱「化延核戰毀滅浩劫，保台護國，兩岸和平統一」為本師指定同奮的日常修持功課。 12月，天帝頒詔：「念茲末劫，特准天帝教在台灣復興」。本師為首任首席使者。	蘇俄入侵阿富汗，美國卡特總統強硬聲明，決心以核子武器保護波斯灣油田之安全。經過月餘之虔誠持誦哀求，波斯灣核戰得以倖免，卻引起伊拉克與伊朗兩個回教兄弟國家，發生傳統戰爭。

1983～1990

時間	本師大事記	時代背景
1983	赴日救劫弘教。	1982年鄧小平提出按「一國兩制」原則收回香港。
1984	元旦，發起「甲子年（民國73年）虔誦「皇誥」九千萬聲運動。	1983年12 月 8 日 美蘇戰略武器限武談判無限期停開。 中共與英國就對香港恢復行使主權（1997年）簽署聯合聲明。
1985	發起乙丑年持續誦唸九千萬聲「皇誥」運動。	3月，戈巴契夫就任蘇聯新總書記，11月，與美國雷根總統於瑞士日內瓦舉行高峰會。
1986	7月，第一期師資暨高級幹部訓練班開訓。內政部核准設立「財團法人天帝教」。 10月4至31日發起「祈禱護國法會」，紀念先總統　蔣公百歲誕辰，誦唸兩千萬聲「皇誥」。祈求　天帝護祐復興基地更安定繁榮、自由進步；並在全國十三家日、晚報第一版刊登全版廣告，呼籲全民團結和諧，早日完成玉靈殿三大特定任務。	9月，民主進步黨成立。
1987	赴美救劫弘教。	蔣經國總統宣布：7月15日零時起臺灣地區解嚴，開放黨禁，報禁，開放大陸探親。 中共與葡萄牙就對澳門恢復行使主權（1999年）簽署聯合聲明。 美蘇簽訂《銷毀中程與較近程飛彈條約》促成軍備競賽速度減緩。
1988	元月14日，舉辦「第一期百日保台護國法會」；6月，「第二期百日保台護國法會」。 「紅心字會」在台北復會。	元月13日蔣經國總統逝世。 520農民運動，台北街頭爆發流血衝突。 雲南大地震，中華民國「紅心字會」代表由泰國轉赴災區賑災。
1989	元月，「第三期保台護國法會」啓建，至1990年6月。 3月，響應「三民主義統一中國大同盟」，代表本教率先捐獻廿五萬美元獎助大陸留美學生。	為確保台灣復興基地本年三項公職選舉及1990年總統大選圓滿順利。 中共發生「六四」天安門事件；匈牙利民主改革；柏林牆倒塌，東西德統一，東歐共產國家紛紛爭取民主。
1990	「第三期保台護國法會」延長至1991年6月。	共產世界急遽變化，預防中共侵犯台灣。

1991～1995

時間	本師大事記	時代背景
1991	1月15日本師透過中共政治局致函中共精神領導人鄧小平先生。 3月，成立中華天帝教總會。 「第三期保台護國法會」再度延長至1992年6月。 成立天人研究總院。 11月6日，「化解台獨危機朝野對立」誦誥法會，開放光殿24小時緊急誦誥，為期一個半月。	李登輝總統宣布自5月起終止動員戡亂時期，中共依然高唱武力犯台。 10 月民進黨代表大會通過將〈台獨條款〉列入黨綱。 第一屆國代立委監委全部退職。 戈巴契夫與美國布希總統簽訂《第一階段戰略武器裁減條約》。12月蘇聯解體，成立俄羅斯國協。
1992	2月，本師諭示：本教已達化延核子毀滅浩劫的初步目標。全體同奮同心協力，達成海峽兩岸和平統一。 5月，成立極忠文教基金會。 6月5日，本師再度致函鄧小平先生。 7月起，重建「長期祈禱保台護國和平統一法會」，直到「一個中國一個主義」，海峽兩岸達成真正和平統一方告圓滿。 8月，宗教哲學研究社與中國社會科學院世界宗教所首次聯合主辦的「海峽兩岸道家思想與道教文化研討會」在西安市舉行。 11月與翌年3月，本師將致鄧小平先生的兩封信，公開刊登於《天帝教教訊》與國內、外華文報紙。	12月，第二屆立委選舉，立法委員首次全面直選。 1月18日至2月21日，鄧小平南巡武昌、深圳、珠海、上海等地，發表了重要講話，闡明社會主義也可以搞市場經濟的思想，進一步豐富和發展中國特色社會主義理論。鄧小平的南巡談話對中國90年代的經濟改革與社會進步起到了關鍵的推動作用。
1993	極院成立。 「財團法人極忠文教基金會」代表團與華山管理局簽署「整建華山大上方、莎蘿坪及立碑工程與涵靜老人華山修道紀念碑（天地正氣碑）文」協議書。	4月，大陸的海峽兩岸關係協會會長汪道涵與海峽交流基金會董事長辜振甫於新加坡舉行會談。這是海峽兩岸自1949年以來，首度進行的正式官方級會晤。
1994	宣布以「紅心字徽」為天帝教之宗教形象表徵。「旋和」為最高精神之標幟。 6-7月赴美弘教。 11月日本特訓班第八期。 12月26日本師證道，回天繳旨。	台灣省長、北、高兩市市長民選。
1995	1月22日，天帝教首任首席使者李玉階大宗師飾終追思大典暨祈禱兩岸和平統一大會。 大上方「天地正氣碑」未能立碑。	大陸千島湖事件，以及李登輝總統訪康乃爾大學，兩岸對立危機升高。

附件三：天帝教各弘教單位與輔翼組織通訊處

天帝教各弘教單位與輔翼組織通訊處：

一、【北部教區】

北市掌院　23143
北市新店區北新路2段153~159號
話：(02)29135079、80
真：(02)29130557

心堂　11458
北市內湖區成功路4段216號5樓
話：(02)87925049
真：(02)87913279

人堂　11288
北市北投區西安街一段179號4樓
話：(02)28286960
真：(02)28286936

隆初院　20150
隆市信義區月眉路190號5樓
話：(02)24650593
真：(02)24664593

莊初院　24257
北市新莊區中正路730之16、17號
話：(02)29011412、29013915
真：(02)29011495

天定堂　22041
新北市板橋區文化路1段150巷7號4樓
電話：(02)22542857
傳真：(02)22548925

桃園初院　33454
桃園縣八德市建興街135號
電話：(03)3680575、3680576
傳真：(03)3732605

天鎮堂　32444
桃園縣平鎮市崇德街15號
電話：(03)4945388
傳真：(03)4946945

新竹初院　30056
新竹市經國路3段67號
電話：(03)5398379
傳真：(03)5398380

天湖堂暫遷堂址　30343
新竹縣湖口鄉長嶺村中平路一段609巷221弄5號
電話：(03)5902191
傳真：(03)5907798

關西天人親和所　30642
新竹縣關西鎮北斗里光明路25號
電話：03-5878380

二、【中部教區】

臺灣省掌院　40651
臺中市北屯區旅順路2段22號
電話：(04)22442506(代表號)
傳真：(04)22437295

苗栗初院　36061
苗栗縣苗栗市文發路458巷196號
電話：(037)372051
傳真：(037)372052

天祿堂　35861
苗栗縣苑裡鎮客庄里中正路41號
電話：(037)851152
傳真：(037)868645

豐原初院　42078
臺中市豐原區水源路中坑巷12號
電話：(04)25285636、25241891
傳真：(04)25264203

天甲堂　43762
臺中市大甲區甲后路35巷123號
電話：(04)26870033
傳真：(04)26870033

天安堂　41275
臺中市大里區塗城路304巷69號
電話：(04)24922396
傳真：(04)24939243

天蘭堂　36941
苗栗縣卓蘭鎮新厝里7之7號
電話：(04)25894761
傳真：(04)25891399

天行堂　42353
臺中市東勢區新盛街132號
電話：(04)25885339
傳真：(04)25888361

彰化初院、天真堂50093
彰化縣彰化市中央路93號
電話：(04)7630314~5
傳真：(04)7625789

天祥堂　51046
彰化縣員林鎮惠明街53巷8弄7號
電話：(04)8334110
傳真：(04)8334110

天鄉堂　52545
彰化縣竹塘鄉竹林路一段679號
電話：(04)8976055

天根堂　51452
彰化縣溪湖鎮大溪十街16號
電話：(04)8817369
傳真：(04)8822949

天錫堂　50547
彰化縣鹿港鎮埔崙里安寧街13號
電話：(04)7755998

南投初院　54068
南投縣南投市彰南路3段537號
電話：(049)2254462
傳真：(049)2254463

天南堂　54550
南投縣埔里鎮中正路183之20號
電話：(049)2900431
傳真：(049)2421140

集集天人親和所　55242
南投縣集集鎮民生路16-70號
電話：(049)2760009

雲林初院　64065
雲林縣斗六市林頭里林頭11之12號
電話：(05)5262716
傳真：(05)5264225

天立堂　64741
雲林縣莿桐鄉和平路41巷8號
電話：(05)5847810

三、【南部教區】

高雄市掌院　81365
高雄市左營區重治路82號
電話：(07)3456956(代表號)
傳真：(07)3458804

嘉義初院　62153
嘉義縣民雄鄉建國路2段145號
電話：(05)2267066
傳真：(05)2262105

新營初院　73051
臺南市新營區民生路163巷29號
電話：(06)6564069、6565765
傳真：(06)6564059

臺南初院　70156
臺南市東區崇學路46號
電話：(06)2693600、2904903
傳真：(06)3357737

天門堂　70953
臺南市安南區安吉路1段290巷38弄7號
電話：(06)2474243
傳真：(06)2473437

鳳山初院　83066
高雄市鳳山區中樂街73號
電話：(07)7905629、7905686
傳真：(07)7905628

屏東初院　90093
屏東縣屏東市武順街23號
電話：(08)7539758
傳真：(08)7539759

天然堂　92053
屏東縣潮州鎮田單路65號
電話：(08)7894568
傳真：(08)7894568

天風堂　88045
澎湖縣馬公市西衛里151號
電話：(06)9262399

傳真：(06)9264371

旗美天人親和所 84244
高雄市旗山區延平二路56號
電話：07-6622611

小港天人親和所　81271
高雄市小港區高松路154號
電話/傳真：07-8063611

四、【東部特別教區】

花蓮港掌院 97049
花蓮縣花蓮市軒轅路11號
電話：(038)353579
傳真：(038)339225

天福堂　98144
花蓮縣玉里鎮仁愛路1段152號
電話：(038)880212

宜蘭初院　26050
宜蘭縣宜蘭市民權新路277號
電話：(03)9360712
傳真：(03)9352408

羅東天人親和所　　26561
宜蘭縣羅東鎮中山路1段383號
電話：(03)9505205

天溪堂　22744
新北市雙溪區光復街30號
電話：(02)24931132
傳真：(02)24933765

臺東初院　95042
臺東縣臺東市南海路36號
電話：(089)345330
傳真：(089)361240

天震堂　95642
臺東縣關山鎮三民路1之6號
電話：(089)812149
傳真：(089)814373

五、【國際教區】

洛杉磯掌院
9200 GLENDON WAY ROSEMEAD CA 91770 U.S.A.
電話：00216265715983
傳真：00216265738609

西雅圖初院．美國主院籌備處
3105 240ST SE BOTHELL WA 98021
電話：00214254856659
傳真：00214254856659

天寶堂籌備處
1207 SE 136th Ave Vancouver WA 98683
電話：00213602561887

日本國主院
栃木縣那須町大字湯本ッムヅ平212の180
電話：00281287767108
傳真：00281287767118

東京都掌院.葛飾初院
東京都葛飾區新小岩二丁目23番5號
電話：00281356079586
傳真：00281356079586

千葉初院
千葉縣山武郡山武町埴谷1622-11
電話：00281475892965
傳真：00281475892965

大宮初院
埼玉縣さぃたま市北區宮原町3-226-3331-0812
電話：00281486657906
傳真：00281486676457

宮崎初院
宮崎縣都城市吉尾町20-4
電話：00281986383178
傳真：00281986383178

六、【極院、始院、中華民國主院】

鐳力阿道場　55543
南投縣魚池鄉中明村文正巷41號
電話：(049)2898446(代表號)
傳真：(049)2898448、2897752、2895986、2898039

天極行宮　43641
臺中市清水區吳厝里東山路38之1號
電話：(04)26200019(代表號)
傳真：(04)26200540

天安太和道場　36743
苗栗縣三義鄉鯉魚潭村鯉魚口1-10號
電話：(037)881363
傳真：(037)881502

北區新境界　23143
新北市新店區北新路2段155號
電話：(02)29144776

中區新境界　43449
臺中市龍井區東海街41巷35號
電話：(04)26526195、26527802
傳真：(04)26527802

南區新境界　70175
臺南市東區裕農一街160巷19號
電話：(06)2601129
傳真：(06)2601130

弘教經費籌募與節用委員會　40651
臺中市北屯區旅順路2段22號
電話：(04)22424986
傳真：(04)22448862

傳播出版委員會(天帝教教訊臺中辦事處) 40651
臺中市北屯區旅順路2段22號
電話：(04)22423867、22423876
傳真：(04)22414683

帝教出版公司　　　23143
新北市新店區北新路2段153號2樓
電話：(02)29179271
傳真：(02)29103092

天人訓練團(省掌院辦公室) 40651
臺中市北屯區旅順路2段22號
電話：(04)22414680
傳真：(04)22414680

始院　23143
新北市新店區北新路2段155號
電話：(02)29135079~80
傳真：(02)29154290

中華民國主院(臺中辦事處) 40651
臺中市北屯區旅順路2段22號
電話：(04)22411390
傳真：(04)22437295

中華民國主院（鐳力阿道場辦事處）55543
南投縣魚池鄉中明村文正巷41號
電話：(049)2898446(代表號)
(049)2898600(專線)
傳真：(049)2898600

七、【輔翼組織】

中華天帝教總會　23143
新北市新店區北新路2段155號
電話：(02)29149874
傳真：(02)29154290

極忠文教基金會　23143
新北市新店區北新路2段155號
電話：(02)29149874
傳真：(02)29154290

中華民國宗教哲學研究社　55543
南投縣魚池鄉中明村文正巷41號
電話：(049)2898446(代表號)
(049)2898957(專線)
傳真：(049)2898448

中華民國紅心字會　10045
臺北市中正區重慶南路1段43號5樓之2
電話：(02)23709191
傳真：(02)23719191